KB044220

불편한 상황에서도 할 말은 하고 싶어

불편한 상황에서도 할 말은 하고 싶어

자존감·우정·예의·안전을 지키는 십 대의 말하기

초판 1쇄 펴낸날 2024년 3월 31일

지은이 임정민
펴낸이 홍지연

편집 홍소연 이태화 차소영 서경민
디자인 권수아 박태연 박해연 정든해
마케팅 강점원 최은 신종연 김가영 김동휘
경영지원 정상희 여주현

펴낸곳 (주)우리학교
출판등록 제313-2009-26호(2009년 1월 5일)
제조국 대한민국
주소 04029 서울시 마포구 동교로12안길 8
전화 02-6012-6094
팩스 02-6012-6092
홈페이지 www.woorischool.co.kr
이메일 woorischool@naver.com

ISBN 979-11-6755-256-3 43180

- 책값은 뒤표지에 적혀 있습니다.
- 잘못된 책은 구입한 곳에서 바꾸어 드립니다.

만든 사람들
편집 서경민
디자인 권수아

차례

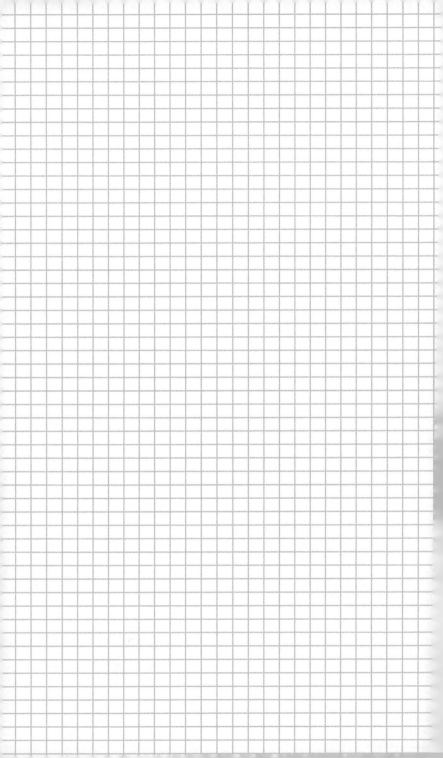

'나다움'을 알아야
'나답게' 말할 수 있다

"친구들에게 말 걸기가 힘들어요."
"발표할 때 논리 정연하고 멋있게 말하고 싶어요."
"상대가 기분 상하지 않게 잘 거절하고 싶어요."
"무례한 친구에게 단호하게 내 의사를 전달하고 싶어요."
"속상할 때 화내지 않고 침착하게 이야기하는 게 어려워요."
"부모님께 짜증 내지 않으면서 대답하고 싶어요."
"사람들 앞에만 서면 목소리가 작아져요."

사람은 누구나 자기 방식대로 생각하고 말하고 행동합니다. 상대가 나와 같지 않으니, 당연히 마음도 나와 달라 소통이 쉽지 않죠. 그래서 우리는 누군가의 말 때문에 상처받기도 하고 누군가에게 의도치 않게 상처 주는 말을 하기도 합니다. 여러분도 친구의 말, 부모님의 말 또 스스로 한 말 때문에 힘들었던 적이 있었을 거예요. 저는 여러분이 이렇게 말 때문에 속으로는 힘들고 괴로운데 겉으로 아무 일 없는 척, 잘 지내는 척하지 않았으면 좋겠습니다.

말이 여러분의 삶에 걸림돌이 아닌 디딤돌이 되기를 진심으로 바랍니다. 그러면 사람들과 소통하고 관계 맺는 일이 더 이상 스트레스가 아닌 삶의 즐거움이 될 테니까요. 어떻게 말을 디딤돌로 만들 수 있냐고요? 어떤 말이든 '나'로부터 출발하면 된답니다.

짧게 제 이야기를 해 볼게요. 친구와 함께 2주간 유럽 여행을 떠난 적이 있습니다. 프랑스 파리를 시작으로 이탈리아 로마, 피렌체, 베네치아를 돌고 마지막으로 체코 프라하로 넘어갔어요. 저는 성격이 활달한 편이고 스포츠를 좋아해서 언젠가 스카이다이빙을 꼭 한번 해 보고 싶다고 생각했었습니다. 지상에서 하늘을 올려다보는 것도 좋아하지만, 비행기 안에서 지상을 내려다볼 때마다 '하늘에 떠 있는 기분은 어떨까?' '구름에 둘러싸여 있으면 어떤 기분일까?' 늘 궁금했거든요. 쉽게 경험할 수 없는 일이라 버킷 리스트 중의 하나였는데 마침 프라하에서 기회가 생겨 스카이다이빙을 하기로 결심했죠.

그런데 당일에 갑자기 문제가 생겼습니다. 기상이 악화하면 비행기가 연착되거나 회항하는 것처럼, 공중에서 하는 스포츠 역시 날씨의 영향을 크게 받습니다. 공교롭게도 제가 다이빙을 하기로 한 날에 날씨가 흐렸어요. 도심에 있는 스카이다이빙 센터에서 현장까지는 이동 시간이 꽤 걸렸는데, 담당자는 출발 전에 저에게 다음과 같이 물었습니다.

"지금 날씨가 좋지 않은 상황이고 현장에 도착해서 비가 올 수도 있습니다. 날씨가 악화하면 스카이다이빙을 할 수가 없어요. 지금 취소하면 환불이 가능한데, 만약 도착해서 못 하게 된다면 환불이 불가능합니다. 어떻게 하시겠습니까?"

잘못하면 스카이다이빙을 해 보지도 못하고 아까운 돈만 날릴 수 있는 상황이었습니다. 날씨는 하늘의 영역입니다. 누구도 마음대로 할 수가 없죠. 저는 선택의 기로에 놓였습니다. 만약 여러분이 저와 같은 상황에 처한다면 어떻게 할 건가요?

우리는 살면서 수많은 상황을 마주하고 매 순간 선택을 해야 합니다. 어릴 때는 선생님이나 부모님의 결정을 따르지만, 청소년기를 거쳐 성인이 되면 스스로 사고하고 판단하고 결정해야 해요. 그때 '내가 누구인지' 잘 안다면 남들 보기에 좋은 선택이 아니라, 스스로 행복하고 만족스러운 '나다운 선택'을 할 수 있습니다.

스카이다이빙을 앞두고 선택의 결과를 예측할 수 없는 상황에서, 제가 어떤 사람인지 곰곰이 생각해 봤습니다. 저는 그때도 지금도 '시간'과 '경험', '도전'을 중요한 가치로 여깁니다. 하루 24시간, 1년 365일은 모두에게 공평하게 주어지지만, 그 시간을 어떻게 보내는지에 따라 인생이 달라지기 때문이죠.

삶을 꾸려 나가는 데 필요한 '지식과 정보'는 공부를 통해 얻을 수 있지만, '진정한 배움'은 경험을 통해 스스로 느끼고 깨닫는 과정에서 얻어진다고 생각합니다. 과거로는 시간을 되돌릴 수 없고 미래는 당겨쓸 수 없으니 현재에 집중해서 지금, 이 순간에 내가 할 수 있는 것, 하고 싶은 걸 즐기려고 노력해야 한다고도요. 저는 스카이다이빙에 꼭 한번 도전하고 싶었어요. 날씨는 선택할 수 없지만, 다이빙은 선택할 수 있었죠. 그렇다면 하지 않는 선택보다는 하는 선택이 좀 더 저다운 것 같았습니다. 이렇게 '나다움'을 고민하고 사색하고 다양한 경험을 통해 다듬을수록 '나다운 선택'은 수월해졌습니다. 여행 당시 선택의 기로에 선 저는 이렇게 대답했습니다.

"날씨가 더 악화해서 스카이다이빙을 못 하게 되면 환불을 못받는군요. 그렇지만 이동하는 중에 날씨가 맑아질 수도 있으니, 저는 하겠습니다."

여러분은 어떤 사람인가요? 휘둘리지 않고 여러분다운 선택을 해 왔나요? 제 이야기를 먼저 들려드린 건, **좋은 대화를 하려면 '나답게' 말하는 게 먼저이기 때문입니다. 그리고 '나답게' 말하려면 '나다움'을 아는 게 먼저입니다.** 나를 알아야 살면서 일어나는 크고 작은 일 앞에서 '나다운 선택'을 할 수 있고 '나답게' 말할 수 있습니다.

저는 이 책을 자존감을 높이는 스스로와의 대화법부터 건강한 사회적 관계를 맺는 타인과의 대화법까지 각각 나 자신과의 대화, 친구와의 대화, 어른과의 대화, 온라인 대화를 다루는 네 개의 장으로 구성했어요. 각각의 상황별로 대화 중에 겪는 여러 문제에 내가 어떻게 대응해야 하고 말로써 대처해야 하는지를 다양한 예시와 함께 담았습니다. 각 장의 끝에는 스스로에 관해 알아볼 수 있는 간단한 테스트를 넣었는데, 여러분이 나다움을 찾는 데 도움을 줄 수 있기를 바랍니다. 1장부터 순서대로 읽어도 되지만, 여러분에게 가장 필요한 내용을 먼저 읽어도 괜찮습니다.

청소년을 대상으로 말하기 수업을 진행하면서 한편으로는 당연하지만 무척 절실하게 느낀 게 하나 있어요. 어떤 관계든 한 사람이 바뀌면 상대도 변화한다는 사실이에요. 어려운 상대라서 대화가 힘들 때, 혹은 대화가 힘들어서 상대방이 부담스럽게 느껴질 때 그 대화에 참여하고 있는 여러분의 말이 먼저 바뀌면 결국 대화도, 상대도 바뀝니다. 물론 쉽지만은 않을 거예요. 믿기지 않는다고요? 여러분의 변화가 가정은 물론 학교와 사회도 변하게 만들 수 있는걸요!

이 책을 읽고 난 뒤에 여러분은 내가 어떤 사람인지를 조금 더 선명하게 알게 되고, 자기 자신뿐만 아니라 타인과 어떻게 관계를 맺고 소통해야 하는지를 익히게 될 거예요. 분명히요.

마지막으로 이것만은 꼭 기억하세요. **세상에서 가장 중요한 사람은 여러분 자신이에요.** 그러니 말이 여러분을 힘들게 할 때면 이 책을 다시 펼쳐 보세요. 다시 한번 '나다움'을 생각해 보고 저와 함께 '나답게' 말하는 연습을 해 봅시다. 한 번 해 봤으니까 다음에는 더 쉬울 거예요. 여러분의 말과 행동이 변화하는 걸 즐겁게 지켜보세요. 저는 여러분이 자기 자신을 굳게 믿으며 인간관계와 학업, 나아가 삶을 주도적으로 이끌어가기를 진심으로 바랍니다.

이 책을 펴내기까지 많은 가르침과 깨달음을 준 학자들과 스승님들께 진심으로 감사드리며 삶의 의미와 행복, 진실한 사랑을 알려 준 소중한 가족들과 친구들 그리고 동료 지인들에게 감사한 마음을 전합니다. 이 책의 첫 번째 독자이자 같은 청소년의 관점에서 생생하고 솔직한 마음을 나눠 준 지윤이에게 특별히 고맙다는 말을 남깁니다. 끝으로 세상의 모든 청소년의 꿈과 빛나는 앞날을 응원합니다.

2024년 봄
임정민

Chapter 1

우정을 돈독히 하는

친구와의 대화

평소 친하게 지내는 단짝 친구들 몇 명 외에는 다른 친구들과 별다른 교류가 없는 시우. 학교에서는 친구들 사이에서 조용한 아이로 통하고, 학원에서도 친구들과 어울리기보다는 수업을 듣고 곧바로 집으로 옵니다. 부모님은 시우가 집에서는 가족들과 이야기도 하고 사이가 좋은데 밖에만 나가면 말을 안 하고 너무 얌전해서 걱정이라고 합니다.

그렇다면 시우의 마음은 어떨까요? 오늘도 동네에서 우연히 또래 친구와 이웃 어른들을 마주칩니다. 갑자기 말문이 막히고 다른 곳으로 시선을 돌립니다. 옆에서 엄마는 "너는 왜 그렇게 사람들 앞에서 말 한마디를 못 하니?", "쭈뼛쭈뼛 대지 좀 말고!" 답답한 마음에 한소리를 합니다. 엄마의 반응에 시우는 더 위축되어 입을 꾹 닫습니다.

시우처럼 낯가림이 심하고 다른 사람에게 말 걸기가 어렵다면 먼저 자신의 내면 상태를 살펴보고, 이를 극복하기 위한 연습을 해 보는 게 좋습니다.

타인을 '궁금한 대상'으로 바라보기

가족이나 친한 친구와는 말을 잘하는데 왜 새로운 사람을 만나거나 얼굴을 보고 대화하는 건 유독 어려울까요? 그 이유는 우리가 새로운 사람과 환경에 대한 경계가 높고 그래서 새로움 앞에서는 늘 조심스럽기 때문입니다. 잘 모르는 낯선 대상을 두려운 존재로 바라보는 거죠. 두렵다고 느끼면 심리적으로 더 불안해지고 자세는 방어적으로 바뀝니다. 위축된 모습을 보이게 되는 거예요.

집 근처 공원을 산책한다고 상상해 볼까요? 반려견과 함께 산책을 나온 견주들이 눈에 띕니다. 만약 개를 무서워한다면 혹시라도 개에게 물릴까 봐 일정 거리를 유지하거나 그 자리를 피하겠죠. 하지만 개를 좋아하는 사람이라면 견주의 허락을 받고 개에게 다가가 등을 쓰다듬어 주거나 말을 걸 수도 있어요.

여러분에게 새로운 사람은 어떤 존재인가요? 알고 보면 '두려운 대상'이 아니라 '궁금한 대상'이 아닌가요? 새로운 사람에 대한 불필요한 경계를 낮춰 보세요. 생각보다 다른 사람들은 나를 크게 신경 쓰지 않습니다. 타인을 자꾸 의식하다 보면 두려움이 더 커져요. 호기심 가득한 눈과 마음으로 용기를 내어 사람들에게 다가가 보세요. 상대를 궁금해해 보세요.

　장소도 마찬가지예요. 아는 곳에 갈 때는 익숙하고 마음이 편안하지만, 가 본 적 없는 곳에 처음 방문할 때는 두려움과 설렘이 공존합니다. 사람이든 환경이든 무언가 새롭다는 것은 잘 몰라서 낯설다는 의미인 동시에 알아가고 싶은 산뜻한 자극이라는 뜻이기도 해요. **새로운 사람과의 만남은 때로 내 인생에 기분 좋은 충격을 주는 선물 같은 일입니다.** 열린 마음으로 타인을 바라보고 가벼운 인사를 건네는 것만으로도 우리는 대화를 시작할 수 있습니다.

잘해 주기보다는 기억해 주기

친해지고 싶은 친구가 생기면 아무래도 그 친구에게 뭐라도 잘해 주고 싶은 마음이 듭니다. 친구의 호감을 사기 위해 고민도 하고 노력합니다. 이를테면, 친구가 좋아하는 걸 사 줘서 그 친구를 기쁘게 해 줄 수 있겠죠.

그러나 처음부터 물질로 환심을 산 관계는 오래가지 못합니다. 건강한 교우 관계라고 볼 수 없어요. 친구를 사귈 때 마음을 얻으려고 습관적으로 돈을 쓰다 보면 처음에는 좋아하고 고마워하던 사람도 나중에는 그런 호의를 당연하게 받아들입니다. 여러분이 바랐던 '진정한 친구' 대신 '돈 잘 쓰는 친구'로 인식될 수 있어요.

무언가 잘하기보다는 기억하려고 해 보세요. 평소에 친구가 한 말이나 행동을 기억했다가 "그때 네가 이런 말 했었잖아." "네가 지난주에 교실 앞에서 그렇게 하는 거 봤어."라고 말해 보세요.

사람은 나를 기억해 주는 말과 행동에서 호감을 느낍니다. 제대로 친해지기도 전에 상대가 잘해 준다는 티가 나면 대부분은 부담스러워합니다. '나한테 왜 이러지?' '조금 과한 것 같은데?' 살짝 의심하는 마음이 들 수도 있습니다. 그러니 마음이 앞선다고 너무 애쓰지 않아도 됩니다. 본의 아니게 친구가 오해할 수 있으니까요.

친구가 하는 말을 경청하고, 행동을 유심히 관찰해서 머릿속에 기억해 두었다가, 적절한 때에 이야기를 꺼내 친밀감을 높여 보세요. 그러면 말을 많이 해야 한다거나 잘해야 한다는 부담감이 줄어듭니다. 그렇게 관계를 이어가다 보면 어느새 친구가 마음을 열고 전보다 한결 가까운 사이가 되어 있을 거예요.

> 😆 "그때 네가 이런 말 했었잖아."
> 😆 "네가 지난주에 교실 앞에서 그렇게 하는 거 봤어."

두려움을 궁금함으로, 과한 친절을 적절한 관심으로 바꾸는 이런 방법들을 하나씩 시도하며 주위 사람들에게 조금씩 다가가세요. 상대에게 먼저 말 걸기가 어렵고, 쉽게 위축되는 성향의 사람은 그 이면에 깊은 배려와 탐구심이 있으며 차분한 장점을 가지고 있습니다. 우리는 모두 각자의 장점이 있으므로 억지로 외향적인 성격을 연기할 필요는 없어요.

다만 학교나 학원, 지역 공동체 등은 내가 속한 작은 사회이기 때문에 이곳에서 만나는 사람들과 소통하기 위한 최소한의 노력은 해야 합니다. 의도치 않아도 자주 만나고 생각지 않아도 밀접한 관계를 맺게 되는 사람들일 테고, 그런 것과 상관 없이 우리는 결코 혼자 살 수 없으니까요. 중요한 것은 내가 호기심과 관심으로 상대를 진솔하게 대하면, 누구와도 관계를 맺고 대화하는 게 훨씬 수월해진다는 겁니다.

여러분은 성공이 뭐라고 생각하나요? 누구는 돈을 많이 벌어서 부자가 되는 게 성공이라고 하고, 누구는 진정한 친구 한 명만 있어도 성공한 인생이라고 말합니다.

여기 공부를 잘하는 모범적인 학생 윤서가 있습니다. 윤서에게는 고민이 있습니다. 친구와 일정 수준 이상 친해지는 게 무척 어렵다는 것입니다. 속마음을 터놓거나 힘든 이야기를 꺼내기 망설여지고, '이런 이야기를 할 만큼 우리가 친한가?' 하는 생각에 계속 걱정이 된다는 윤서. 혹시 여러분 중에도 이런 생각을 하는 사람이 있나요? 윤서처럼 학업 성적이 좋아도 속 깊은 이야기를 나눌 친구가 없다면 학교생활이 그리 즐겁지만은 않을 겁니다.

진정한 친구와의 돈독한 우정은 우리 삶의 질을 한층 높여줍니다. 친구들과 끈끈한 우정을 나누는 소통은 어떻게 시작할까요? 다음의 세 가지 방법을 기억하고 꾸준히 연습해 보세요.

'저 친구에 대해 알고 싶다.', '친해지고 싶다.'라는 마음이 있어도 스스로 언어 능력이나 대화 기술이 부족하다고 생각해 말 걸기를 주저하는 경우가 많습니다. 친구를 사귀고 싶지만 어떻게 다가가야 할지 몰라 망설이는 겁니다. 이럴 때는 취미나 취향 같이 말하기 편한 주제 혹은 상대방의 관심사를 찾아서 대화를 이끌어 나가면 조금은 쉽게 친밀도를 높일 수 있습니다.

대화를 시작하는 가장 간단하고 쉬운 방법은 무엇일까요? 맞습니다. 상대에게 질문을 던지는 것입니다. "너는 취미가 뭐야?", "뭐할 때 가장 즐거워?", "네가 시간 가는 줄 모르고 푹 빠져있는 건 뭐야?, "주말에는 뭐하면서 시간을 보내?" 이렇게 물어보세요.

만약 친구가 SNS를 한다면, 계정을 찾아보세요. 대화에 앞서 친구의 관심사를 미리 파악할 수 있는 사전 조사인 셈이죠. 친구가 직접 올린 사진과 글을 보면 그 친구의 성격이나 특기, 평소의 생각, 인간관계, 관심사 등 많은 정보를 얻을 수 있습니다. 그중에서 친구와 나의 공통점을 찾아보는 겁니다.

사회심리학에서 유명한 개념으로 '유사성의 원칙'이라는 게 있어요. 인간은 자기 자신과 비슷한 사람에게

호감을 느낀다는 심리적 속성을 말합니다. 실제로 외모, 성격, 취미, 고향, 출신 학교, 생활방식, 의견 등 상대방과 공통점이 많을수록 호감을 느끼고 좋은 관계를 맺을 가능성이 크다는 사실이 여러 연구를 통해 증명되었습니다.

나의 관심사를 함께 궁금해하고 나와 공통점이 많은 친구가 있다는 게 얼마나 행복하고 기쁜 일인가요? 이러한 노력을 시작으로 우리는 좋은 교우 관계를 쌓아 갈 수 있습니다.

'구체적인 대답'을 유도하는 질문하기

대화를 끌어 갈 때 중요한 점이 있습니다. 바로 구체적인 대답을 유도하는 겁니다. 예를 들면 "취미 같은 거 있어?", "오늘 날씨 좋지?", "그거 맛있어?", "재밌나 봐?"라고 물어보면 상대는 "아니.", "그러네.", "어, 맛있어.", "응." 이렇게 단순하게 대답하게 되고 답변과 동시에 대화가 끊어지기 쉽습니다.

따라서 "응." 혹은 "아니."라고 대답할 수 있는 질문보다는 "너는 취미가 뭐야?", "음식 맛이 어때?", "그건 어떤 점이 재밌어?"처럼 말을 바꿔서 나와 지금 대화하고 있는 상대만이 대답할 수 있는 구체적인 질문을 던지는 게 좋습니다. 친구가 대답하는 내용을 대화의 소재로 다시 말을 이어갈 수 있고 또 다른 질문을 할 수 있으니까요. 질문이 이어져야 대화가 끊기지 않습니다.

이때 친구의 대답에 공감을 표현하면 더욱 좋습니다. 우리의 뇌에는 타인의 행동을 볼 때, 마치 자신이 겪는 것처럼 느끼게 하는 '거울 뉴런Mirror Neuron'이라는 게 있는데, 친구의 말을 듣고 내가 같이 기뻐하거나 슬퍼하면 거울 뉴런이 활성화합니다.

결론적으로, 대화가 끊기지 않도록 구체적인 답변을 요구하는 똑똑한 질문을 통해 친구를 더 깊이 알아 가고, 적극적인 공감으로 친구의 호감을 얻는다면 더욱 친근한 관계로 발전할 수 있습니다.

친구를 사귈 때 물어보면 좋은 질문들

- "너는 취미가 뭐야?"
- "뭐 할 때 가장 즐거워?"
- "네가 시간 가는 줄 모르고 푹 빠져 있는 건 뭐야?"
- "주말에는 뭐하면서 시간을 보내?"
- "오늘 날씨가 좋다. 너는 어떤 날씨를 가장 좋아해?"
- "(취미/운동 등 관심사)을 가장 좋아하게 된 특별한 이유라도 있어?"

- "밥을 정말 맛있게 먹더라. 너는 어떤 음식을 가장 좋아해?"
- "(취미/운동 등 관심사)을 좋아하는 것 같은데 언제부터 시작한 거야?"
- "나는 (취미/운동 등 관심사)을 하고 있어. 우리, 다음에 같이 할래?"
- "(취미/운동 등 관심사)은 주로 언제 해?"
- "(취미/운동 등 관심사)하면 어떤 기분이 들어?"
- "(취미/운동 등 관심사)하면서 가장 힘든 점은 뭐야?"

상대의 '가치'를 높이는 칭찬하기

대화할 때 칭찬은 윤활유 역할을 합니다. 듣는 사람의 기분을 좋게 만들고, 대화 분위기를 화기애애하게 만듭니다. 어느 정도 요령과 기술을 알면 친구들과 서로 기분 좋게 대화를 나눌 수 있습니다.

첫째, 친구가 소유한 것보다는 보이지 않는 장점이나 재능을 칭찬하세요. 예를 들면 "그 옷 멋있다."라고 말하는 대신 "와, 너한테 어울리는 옷을 잘 골랐네. 센스가 있다니까!" 하고 칭찬을 해 주는 겁니다.

둘째, 결과보다는 과정을 칭찬하세요. "대박! 이번에도 10등 안에 들었네?"보다는 "수업 시간에 완전 열심히 하더니 결국 해냈네!"라고 말하는 겁니다. 결과가 늘 좋을 수만은 없으므로 결과를 기준으로 칭찬하면 결과가 나쁠 때 칭찬할 게 없겠죠. 그러나 과정을 기준으로 칭찬하면 결과와 상관없이 언제든 칭찬할 수 있습니다.

셋째, 능력보다 인성을 칭찬하세요. "수빈이는 거짓말 안 하는 진실한 애야.", "우리 반에서 수빈이만큼 성실한 사람은 없지, 인정!"이라고 해 보세요. 좋은 인성은 그 자체로 신뢰할 수 있는 좋은 사람임을 보여 주기 때문에 그 사람의 존재 가치를 높입니다.

넷째, 제3자가 한 말로 칭찬하세요. "수빈이는 학급 분위기를 잘 이끌고 지난번에 발표도 잘했다고 선생님이 그러시더라." 이런 식으로 친구에 대해서 제3자가 한 말을 잘 기억하고 있다가 적절한 상황에 말해 주세요.

우리의 뇌는 어떤 행동을 했을 때 바로 칭찬받으면 그 행동을 기분 좋은 행동으로 기억하고 다시 하게 만든다고 해요. 대화 도중에 칭찬할 게 있으면 이 네 가지 방법을 적절하게 사용해 그 즉시 칭찬하는 습관을 들여 보세요. 칭찬을 잘하는 사람 곁에는 항상 사람이 모인답니다. 저를 믿어 보세요!

💬 "그 옷 멋있다." → "오, 너한테 어울리는 옷을 잘 골랐네. 센스가 있다니까!"

🐰 "대박! 이번에도 10등 안에 들었네?" → "수업 시간에 완전 열심히 하더니 결국 해냈네!"

🐰 "수빈이는 거짓말 안 하는 진실한 애야.", "우리 반에서 수빈이만큼 성실한 사람은 없지, 인정!"

🐰 "수빈이는 학급 분위기를 잘 이끌고 지난번에 발표도 잘했다고 선생님이 그러시더라."

친구 사이뿐만 아니라, 모든 인간관계에서 상대에 대한 무관심과 무지는 소통에 걸림돌이 됩니다. 친구에 관해 아는 것이 없다면 당연히 질문 할 것도 없겠지요. 대화 없이는 친해질 수가 없는데 대화를 시작할 수가 없습니다. 서로의 관심사와 공통점을 먼저 찾아보세요. 그런 뒤에 질문을 건네고 대답을 들으며, 잊지 않고 칭찬을 주고받으세요. 좋은 질문과 칭찬이 쌓이고 쌓여 우정의 밀도와 관계의 깊이를 결정합니다.

왜 나를 무시하고 멋대로 할까?

친구들이 모둠 발표를 자기만 시킨다며 멋대로 하는 친구들 때문에 힘들다는 중학생의 글을 보았습니다. 가명을 지원이라고 해 볼게요. 지원이의 사연을 말하자면, 수업 시간에 모둠 활동을 할 때마다 선생님이 학습지를 나눠 주시는데, 집에서 작성해 가지고 오면 같은 모둠 친구들끼리 돌려서 읽고 가장 잘 썼다고 생각하는 사람을 한 명 뽑아서 대표로 발표를 맡긴다는 겁니다. 그런데 그때마다 모둠 친구들이 항상 자기를 뽑는다는 거예요. 그래서 모둠에서 하는 발표가 두 번 있었는데 억지로 혼자서 두 번을 다 했다며 하소연하는 내용이었습니다.

지원이의 말을 들어보면 이렇습니다. "같은 모둠에 있는 한 친구가 제가 발표하기 싫다는데도 꾸역꾸역 시켜요. 다른 애들도 다 잘 썼는데 항상 가장 잘 쓴 사람 뽑으라고 하면 다른 애들 건 거들떠보지도 않고 무조건 첫 번째로 제 이름을 대면서 제가 발표해야 할 것처럼 분위기를 몰아가요. 그러면 인싸 애들이 "나도!" 이렇게 호응하고 다른 친구들은 그렇게 만들어진 흐름 때문에 쉽사리 다른 애들을 뽑지 못해요. 제가 진짜 하기 싫다고 하면 그 말을 무시하면서 "지원이가 두 표니까 지원이가 해.", "그냥 해, 파이팅!" 이렇게 쐐기 박는 말을 하고는 자기 자리로 돌아갑니다. 걔가 저를 계속 발표하게 만드는 주동자예요. 선생님도 발표 시간에 발표자로 뽑힌 애가 손을 안 들면 그냥 눈에 보이는 애 시키거나 그 날짜가 번호인 애들을 시키는데 걔가 "저희 팀은 지원이요!" 하면서 억지로 저를 발표하게 만듭니다. 심지어 제가 제 의지로 손을 안 들면 따가운 눈총을 줘요. 그럴 때마다 너무 슬퍼서 울 것 같아요."

이 상황이 얼마나 싫고 괴로운지 그 마음이 전해져요. 어쩌면 여러분도 이런 비슷한 일을 겪거나 본 적이 있을 겁니다. 위 사례에서는 한 친구를 의도적으로 곤란하게 만들려는 의도가 명백히 보입니다. 이럴 때 학습지를 아예 작성해 오지 않는 식으로 상황을 모면하거나 "나 내용이 기억 안 나. 완전히 까먹었어." 하고 회피할 수도 있겠죠. 하지만 그런 대처는 본인도 피해를 보고, 무엇보다 문제 해결로 나아가는 제대로 된 접근 방식이 아닙니다. 한두 번은 넘어간다고 해도 이런 일이 계속 반복된다면, 그때는 반드시 단호한 조치를 취해야 합니다.

과연, 이런 상황에서 어떻게 말하고 대응해야 할까요?

단호하게 생각과 감정을 말하기

여럿이 한 공간을 공유하고 함께 시간을 보내야만 하는 단체 생활에서는 자기가 하고 싶은 일만 할 수 없죠. 그렇다고 해서 특정한 사람이 누군가에게 떠밀려 모두가 하기 싫어하는 일을 도맡게 되어서는 안 됩니다. 다들 하기 싫은데 어쩔 수 없이 누군가 해야 하는 일이라면 공평하게 순번을 정해서 번갈아 하는 게 합리적인 방법입니다.

따라서 "나도 하기 싫은데 지난번에 한 번 했으니까, 이번에는 다른 사람이 했으면 좋겠어. 나는 빠질래.", "다 하기 싫으면, 그냥 선생님이 시키는 사람 아무나 하는 걸로 해.", "내가 진짜 하기 싫다고 하는데 왜 내 말을 무시해? 네가 나 뽑은 거 나도 무시할 거야. 나도 안 해!"라고 단호하게 생각과 감정을 말하세요.

맞아요. 그렇게 말하는 것은 쉽지 않습니다. 그러니 저와 함께 연습해 봐요. 당장 친구들에게 정색하면서 따질 용기가 나지는 않을 거예요. '말해도 어차피 무시할 텐데.'라는 생각에 선뜻 말이 나오지 않을 수도 있고요. 하지만 이 문제를 극복하지 않으면 학년이 올라가서, 고등학교와 대학교에 들어가서 비슷한 상황이 되풀이됩니다.

당장 말하는 게 어렵다면 근육을 길러 보세요. 갑자기 웬 근육이냐고요? 때로 연약해 보이는 겉모습 때문에 여러분을 얕잡아 보는 친구들이 있을 수 있습니다. 몸의 근육과 함께 마음의 근력도 키워나간다면 자기의 생각을 말하고, 필요할 때는 굳게 주장할 힘도 생길 거예요. 유연하고 열린 태도도 좋지만, 불합리하다고 생각할 때 자기의 생각을 굽히지 않는 연습도 필요합니다.

🐰 "나도 하기 싫은데 지난번에 한 번 했으니까, 이번에는 다른 사람이 했으면 좋겠어. 나는 빠질래."
🐰 "다 하기 싫으면, 그냥 선생님이 시키는 사람 아무나 하는 걸로 해."
🐰 "내가 진짜 하기 싫다고 하는데 왜 내 말을 무시해? 네가 나 뽑은 거 나도 무시할 거야. 나도 안 해!"

협조를 구하기

모둠의 다른 친구들에게 협조를 구하는 것도 또 다른 방법입니다. 수업 시간 전에 따로 개인적으로 이야기를 하는 게 좋습니다. 무리 지어 있으면 자신의 의견보다도 옆의 친구 말에 따라가게 되고, 여러 명이 적대적으로 반응하면 설득하기가 힘듭니다. 우선 나와 가장 친한 친구, 친하지는 않지만 우호적인 친구 순으로 따로 이야기를 나누며 도움을 구하세요.

예를 들면 "이따가 수업 시간에 한 사람이 발표해야 하잖아, 지난번에는 하기 싫은데도 내가 했으니까 이번에는 다른 사람 좀 뽑아줘.", "나 진짜 발표하기 싫은데 어쩔 수 없이 지난번에 했잖아. 이번에는 네가 하면 안 돼?"라고 말해 보세요. 핵심은 나의 입장과 상황을 충분히 설명하는 거예요. 발표의 원래 취지에 맞게 서로 돌아가면서 할 수 있도록 설득하는 겁니다. 이해와 협조를 구해서 '모둠' 활동을 누구 한 사람이 아니라 '모두'가 함께할 수 있도록 하세요. 여러분의 말이 교실 풍경을 바꿀 수 있습니다.

> 💬 "이따가 수업 시간에 한 사람이 발표해야 하잖아, 지난번에는 하기 싫은데도 내가 했으니까 이번에는 다른 사람 좀 뽑아줘."
> 💬 "나 진짜 발표하기 싫은데 어쩔 수 없이 지난번에 했잖아. 이번에는 네가 하면 안 돼?"

중재를 요청하기
마지막 방법은 선생님에게 중재를 요청하는 것입니다.

시도하기에는 조금 부담스러운 방법이라고 생각하나요? 선생님에게 말하면 모둠 친구들이 '일러바친다'고 몰아세우고, 심하면 따돌림까지 당하는 최악의 상황을 상상할 수도 있겠죠. 하지만 그건 어디까지나 상상일 뿐, 문제를 회피하면 아무것도 해결되지 않습니다. 앞서 언급했듯이 당장 이 문제를 극복하지 않으면 나중에 비슷한 일이 생깁니다. 걱정해도 됩니다. 친구들의 반응을 두려워해도 돼요. 하지만 여러분이 지금 느끼는 불편한 감정을 외면해서는 안 됩니다.

　꼭 부탁드리고 싶은 게 있어요. 혼자 감당하기 버겁다면 반드시 선생님의 도움을 받아서 해결하세요. "선생님, 저희 모둠 있죠? 개네가 제가 싫다고 하는데도 무시하고 자기들 마음대로 자꾸 저를 발표자로 정해요.", "선생님, 모둠에서 발표자 뽑는 기준을 정해주시면 안 될까요? 애들이 자꾸 저만 시켜요.", "선생님, 수업 시간에 모둠에서 발표자 뽑는 거 안 하면 안 될까요? 저는 진짜 하기 싫은데 애들이 억지로 저를 시켜요. 괜히 말했다가 따돌림받을까 봐 겁나요."라고 솔직한 마음을 전하세요. 선생님에게 여러분의 상황을 말하면, 더는 여러분 혼자 해결책을 생각하지 않아도 됩니다.

　선생님은 모둠에서 자율적으로 발표자를 뽑는 방식

에서 명확한 기준을 정해서 뽑는 방식으로 바꾼다든지, 발표 대신 다른 방식으로 수업을 진행한다든지 대안을 생각할 거예요. 모든 선생님은 학생이 올바른 지식을 얻고 몸과 마음이 건강하게 성장하도록 돕습니다. 선생님에게 도움과 중재를 요청하는 걸 망설이지 마세요.

> 🗨 "선생님, 저희 모둠 있죠? 걔네가 제가 싫다고 하는데도 무시하고 자기들 마음대로 자꾸 저를 발표자로 정해요."
> 🗨 "선생님, 모둠에서 발표자 뽑는 기준을 정해주시면 안 될까요? 애들이 자꾸 저만 시켜요."
> 🗨 "선생님, 수업 시간에 모둠에서 발표자 뽑는 거 안 하면 안 될까요? 저는 진짜 하기 싫은데 애들이 억지로 저를 시켜요. 괜히 말했다가 따돌림받을까 봐 겁나요."

학교생활은 온전히 여러분의 것이에요. 그 시간을 무엇으로 채워갈지도 역시 여러분이 정합니다. 매번 수업 시간이 다가오는 걸 초조해하고 예상했던 상황이 반복될 때마다 스트레스받을 필요 없습니다. 혹시 어려운 상황을 맞닥뜨린다면 처음에는 어찌할 바를 몰라 마음만 졸일 수 있어요. 그렇지만 단호하게 말하기, 협조 구하기, 중재 요청하기라는 세 가지 해결 방법을 알고 있으니 할 수 있는 것부터 하나씩 시도해 보는 겁니다.

혼자서 끙끙 앓지 마세요. 친구들 간의 이해와 타협을 통해 그리고 부모님이나 선생님 등 어른들의 도움으로 주위 사람들과 대화하며 현명하게 해결해 나가길 바랍니다. '함께' 해결할 수 있다는 믿음을 갖는 것, 그것만으로도 문제를 대하는 마음가짐이 달라집니다.

기분 상하지 않게
어떻게 거절하지?

어릴 때부터 항상 착하다는 말을 듣고 자란 지후. 그러다 보니 늘 사람들에게 친절해야 할 것 같고 다른 사람의 부탁도 거절하면 안 될 것 같은 생각이 많이 든다고 합니다. 친구가 "같이 밥 먹으러 가자!", "어디 놀러 안 갈래?", "나, 과제 좀 보여 주라."라고 부탁하거나 제안하면 거절하기가 너무 힘들다고 해요. 물론 들어줄 때도 있지만 솔직히 가끔 하기 싫을 때도 있다고요.

지후처럼 우리에게도 살면서 누군가의 부탁을 거절해야 하는 일이 생깁니다. 친구에게 거절당하는 것도 힘든 일이지만, 친구의 부탁을 거절하기도 쉽지는 않습니다. 그렇지만 모든 부탁을 다 들어줄 수는 없으므로 상대가 기분 상하지 않게 거절할 줄도 알아야 합니다.

보통 사람들이 거절을 힘들어하는 이유는 친구에 대한 미안한 감정과 거절하는 자신이 나쁜 사람이 된 것 같은 죄책감 때문이에요. 그 이면에는 두려움이 있습니다. 대부분 '만약 거절하면 친구가 서운해하고 삐치겠지?', '나를 싫어하지 않을까?', '나를 못된 애라고 소문내지는 않을까?', '친구들에게 소외당하는 건 아닐까?' 하는 막연한 두려움입니다. 하지만 그 두려움 때문에 모든 부탁을 다 들어주려고 하면 스스로 감당하기 힘들 거예요.

거절은 어떠한 이유가 되었든 부탁을 들어줄 수 없는, 도와줄 수 없는 상황이라는 '사실'을 전달하는 것뿐입니다. 친구에게도 "네가 싫어서가 아니라 내가 그 부탁을 들어줄 수 없는 상황이라서 그래."라고 명확하게 말하세요. 부탁을 거절했는데 여러분을 나쁜 사람으로 몰아세우거나 화를 내는 등 부정적인 감정을 표출한다면, 그 친구와의 인연은 다시 생각해 봐야 합니다. 서운해하거나 살짝 토라질 수는 있지만, 그 이상의 반응은 과하다고 볼 수 있어요. 좋을 때나 힘들 때나 한결같이 여러분의 생각과 감정을 존중하고 응원해 주는 사람이 진정한 내 편이자 진짜 친구라는 사실을 기억하길 바랍니다.

자신의 욕구를 알아차리기

친구에게 부탁을 받았을 때 제일 먼저 해야 할 일은 자신이 원하는 게 무엇인지부터 파악하는 것입니다. 원하는 게 있어서 부탁하는 건 친구인데, 왜 갑자기 여러분의 바람을 살피라고 하냐고요? 같이 놀러 가고 싶은지 아닌지, 과제를 보여 주고 싶은지 아닌지, 물건을 빌려 주고 싶은지 아닌지…… '내가 원하는가?', '마음이 불편하지 않은가?' 하는 자신의 욕구를 먼저 살펴야 합니다.

그런 다음에 그 부탁을 들어줄 수 있는 상황인지 아닌지를 판단하세요. 친구의 부탁을 들어주기에는 나의 시간과 에너지가 부족한데 들어주겠다고 덜컥 수락해 버리면 정작 여러분 자신에게 가장 중요한 걸 놓칠 수 있으니까요.

감당할 수 없는 부탁을 들어주느라 자기 시간을 뺏기며 스트레스까지 받으면, 그런 부정적인 감정이 쌓여 나중에는 친구를 원망하게 될 수 있어요. 부탁 때문에 좋았던 관계까지 안 좋아질 수 있으니 덜컥 수락하는 일이 없도록 조심해야 합니다.

욕구 나는 부탁을 들어주고 싶은가?' (YES or NO), '부탁을 받은 뒤 마음이 불편한가?' (YES or NO)

판단 부탁을 수락할 수 있는 상황인가?' (YES or NO)

여러분의 욕구와 판단이 모두 'YES'일 때 그 부탁을 즐거이 받아들일 수 있을 거예요. 이렇게 결정에 앞서 여러분 자신을 돌아볼 수 있다면 들어줄 수 없는 부탁을 수락하는 일은 없을 거랍니다.

잠시 시간을 두고 거절하기

거절하는 게 마음이 불편하다면 잠시 시간을 두고 답해도 괜찮습니다. "엄마한테 특별한 일 없는지 물어보고 얘기해 줘도 돼?", "생각 좀 해 봐야 하는데 오후에 연락할게."라고 친구에게 양해를 구한 뒤 차분하게 생각해 보고 나중에 대답해도 늦지 않아요. 이렇게 바로 답하지 않으면 부탁을 들어주는 선택과 들어주지 않는 선택의 가능성을 같이 생각할 수 있습니다.

거절해도 됩니다. 그 자리에서 즉시 대답해야 한다는 부담을 덜고 잠시 마음의 준비를 한 다음에 "미안하지만 안 될 것 같아."라고 시간을 두고 거절하세요. 부탁하는 처지에서도 상대가 단칼에 거절하면 조금 무안하기도 하고, 생각도 안 해 보고 무조건 거부한다는 느낌이 들 수 있어요. 여러분이 누군가에게 부탁할 일이 생겼을 때도 마찬가지일 거예요. 만약 곧바로 대답을 들어야 하는 부탁이 아니라면, 상대의 대답을 기다리는 동안 마음의 준비를 하거나 거절당했을 때의 대안을 모색할 수 있겠죠? 이렇게 **부탁과 거절에 시차를 두면 여러**

분과 친구 모두 수용의 폭이 넓어집니다.

직접 얼굴 보고 말하기 힘든 경우에는 문자나 카톡 등 비대면 방식으로 거절 의사를 표현하세요. 이때 친구가 오해하거나 마음이 상할 수 있는 표현은 없는지 여러 번 읽어 본 다음에 메시지를 보내야 합니다. 그렇지만 말과 달리 글에서 느껴지는 미묘한 뉘앙스, 상대의 주관적인 판단이나 해석 등으로 오해할 소지가 있으니 언젠가는 직접 얼굴을 보면서 거절하는 것도 할 수 있었으면 합니다.

'이대동감' 거절의 공식 이용하기

우리가 수학 문제를 풀 때 공식을 알면 답이 쉽게 풀리는 것처럼, 거절할 때도 공식을 이용하면 조금 더 수월하게 할 수 있습니다. 지금부터 알려 드릴 '이대동감' 거절의 공식을 한번 이용해 보세요.

첫째, 이유를 들어서 거절합니다. 친구가 '아, 이래서 부탁을 들어줄 수가 없구나.' 하고 납득할 수 있도록 설명하는 겁니다. 특별한 이유 없이 단칼에 거절해 버리면 친구도 민망할 거예요. 어쩌면 용기 내서 한 부탁이 곧바로 거절당해서 기분이 상하거나 기대가 무너지며 상처받을 수 있어요. 그래서 가능하다면 거절의 이유를 명확히 이야기해 주는 게 좋습니다.

둘째, 대안을 제시하며 거절합니다. 부탁을 들어주지는 못해도 친구의 부탁을 고려해 보았고, 승낙하려고 고민했다는 사실을 알려 줄 수는 있겠죠. 거절 의사와 대안을 같이 제시하면 상대는 공감과 이해를 받았다고 느끼게 되고, 오히려 여러분에게 고마워할 수도 있어요.

이 방법은 여러분에게도 친구의 부탁을 그대로 수락할 수 있을지 자체 점검할 기회가 됩니다. 예를 들면 제안받은 부탁의 일시, 장소, 예상 비용, 소요 시간 등을 고민해서 조율할 수 있을 거예요. "혹시 다음 주 주말은 어때?"라고 말이죠.

셋째, 동감을 표하며 거절합니다. "나도 같이 먹고 싶은데.", "거기 재밌겠다!"라고 친구의 말에 동의하거나 관심이 있다는 뜻을 '먼저' 전합니다. 여러분이 시큰둥한 반응을 보이면 부탁하는 친구가 멋쩍을 수 있어요. 그런 뒤 수락할 수 없어 아쉽다는 의사를 전하세요.

여러분이 부탁이나 제안을 들어주지 못해 아쉬워하는 모습을 보면 상대는 여러분이 자기를 중요하게 여기고 있다는 느낌을 받을 거예요. 친구의 상황과 바람에 동의하고 공감해 주세요. 거절은 그 뒤에 해도 늦지 않습니다.

넷째, 감사를 표현하며 거절합니다. 누구라도 그리고 누구에게라도 부탁이나 제안을 거절당하면 무안하기도 하고 기분이 좋지만은 않아요. 감사한 마음을 표현하면서 친구의 마음을 다독여 주고, 거절하는 나의 불편한 마음도 어느 정도 해소할 수 있습니다.

누군가에게 부탁받았을 때 이렇게 한번 생각해 보세요. '나를 믿어서 이렇게 부탁하는 거구나.', '나라면 할 수 있을 거라고 생각해 준 거구나.' 하고요. 그럼 자연스레 그렇게 여러분을 신뢰해 준 친구에게 감사한 마음이 들 거예요.

<u>"수빈아, 오늘 학교 끝나고 거기 놀러 안 갈래?"</u>

이유   "나…… 어제 밤늦게까지 학원 숙제하느라…… 지금은 놀러 갈 힘이 없어."

대안   "혹시 다음 주 주말은 어때?"

동의   "나도 거기 가 보고 싶었는데…… 재밌겠다!"

감사   "나하고 같이 가자고 해서 고마워!"

<u>"오늘 수학 시간 진도 나간 부분, 이해가 잘 안 되는데 알려 줄 수 있어?"</u>

이유	"내가 다른 과목 공부할 게 남아서 지금은 알려 줄 수 없는데."
대안	"필기한 노트 빌려줄 테니까 이걸로 먼저 공부할래? 가능하다면, 내가 다른 과목 끝나면 도와줄게."
동의	"나도 너 알려 주면 같이 공부되고 좋은데 아쉽다."
감사	"내 도움이 필요하다고 말해줘서 고마워!"

거절은 생각만큼 쉽지 않아요. **어쩌면 여러분이 거절을 어려워하고 두려워하는 건 주위 사람을 소중하게 생각하기 때문일 거예요.** 그동안 친구에 대한 미안함과 자신을 돌보지 않는 지나친 배려로 어떤 부탁도 거절하지 못하고 자신을 힘들게 하지는 않았는지 모르겠습니다. 이제부터는 친구와의 관계를 잘 유지하면서도 현명한 방법으로 거절하는 연습을 해 보길 바랍니다. 그렇지만 과한 부탁이나 원치 않는 제안 앞에서는 언제든 단호해질 필요가 있어요. 수락과 거절은 온전히 여러분의 선택이라는 사실을 잊지 마세요.

무례한 친구에게
단호하게 말하고 싶어!

        무례하게 구는 친구가 있어도 괜히 예민한 사람처럼 보이기 싫어서 그냥 웃으며 넘어가는 학생들이 있습니다. 권지민 학생도 간혹 친구가 무례한 말이나 행동을 하면 당황스럽기도 하고 친구 사이에 '지적'하거나 '가르치려 드는 것'처럼 느껴 불쾌해할까 봐 아무렇지 않은 척한다고 합니다. 그런 지민 학생을 보고 주변에서는 "야, 네가 그렇게 하니까 만만해 보이지."라며 핀잔을 줍니다. 도대체 무례한 친구에게는 어떻게 대응해야 할까요?

무례는 '예의 없음'을 의미합니다. 까칠하다는 것과는 결이 달라요. 말할 때 좀 툴툴거리거나 다소 예민하게 구는 걸 '까칠하다'고 한다면 무례하다는 것은 '인격적으로 존중하지 않고 무시하는 태도'를 말합니다. 따라서 무례한 친구에게는 단호함을 보여 줘야 해요. 나에게 다시는 무례한 말과 행동을 하지 않도록 강한 어조로 확실하게 말해야 합니다.

『무례함의 비용』 저자 크리스틴 포래스Christine Porath는 20년 동안 여섯 대륙에 걸쳐 스타트업부터 《포춘》 500대 기업까지 여러 문화권의 기업과 조직을 연구한 결과, 무례함을 용인하면 개인, 조직, 사회에 막대한 손실이 발생한다는 사실을 밝혀냈습니다. 무례한 일을 당한 피해자는 63%가 가해자를 회피하느라 노동 시간을 허비하고, 80%가 사건을 걱정하느라 노동 시간을 허비하고, 66%가 실적이 하락했다는 것입니다. 이러한 결과는 비단 조직뿐만 아니라 여러분 개인의 학업 성적과 학교생활에도 그대로 적용됩니다. 무례한 친구가 여러분에게 심각한 손해를 끼칠 수 있다는 겁니다. 사실 무례한 친구를 상대하는 것은 불필요하게 에너지를 낭비하고 감정을 소모하는 일입니다. 엄청난 스트레스도 따르고요. 그렇지만 모욕을 입었다는 생각에 감정적으로 대처하면 괜한 해코지를 당하거나 시비가 붙어 상황이 나빠질 수도 있습니다. 따라서 무례한 친구와의 물리적인 충돌은 절대 피해야 하며, 오로지 조용한 묵직함과 차분한 단호함으로만 대응하기를 권합니다. 구체적인 방법을 소개해 드리겠습니다.

무표정으로 무례한 말 돌려주기

무례한 친구를 상대할 때는 감정을 최대한 배제하는 것이 중요해요. 친구의 무례함에 순간 발끈해서 화를 내

면 그대로 싸우게 되니까요. 감정이 앞설 때는 침묵하는 게 나을 수 있습니다.

　무표정을 지은 채 3초 정도 친구의 얼굴을 가만히 응시하세요. 눈빛으로 상대를 제압하겠다는 생각으로 눈에 힘을 주고 말은 아끼세요. 무언의 경고를 하는 것입니다. 그런 다음 낮은 목소리와 단호한 어조로 주의를 줍니다. 언성을 높이면 상대도 자극을 받아서 더욱 흥분하게 되거든요. 감정이 격해지지 않도록 주의하며 다음 순서대로 대처해 보세요.

　첫째, '무례한 말'임을 친구에게 상기시키세요. 둘째,

'무례한 말'을 그대로 되물어 친구 스스로 자신의 무례함을 알아차리게 하세요. 셋째, 친구의 말에 무성의하게 반응하세요. 이해하기 쉽도록 몇 가지 상황을 예로 들어 보겠습니다.

① 무례한 말 상기시키기
② 무례한 말 그대로 되묻기
③ 무성의하게 반응하기

[상황1]
외모를 비하할 때: "왜 이렇게 못생겼냐?", "(눈이 작아서) 자냐?"
① "너, 지금 한 말 선 넘었어."
② "왜 이렇게 못생겼냐고?", "자냐고 한 거 맞지?"
③ "(눈에 힘을 주고 무표정과 무성의한 태도로) 음."

[상황2]
능력을 비하할 때: "멍청하긴, 머리에 든 게 없네."
① "너, 그 말 무례한 거야."
② "머리에 든 게 없다는 거지?"
③ "(눈에 힘을 주고 무표정과 무성의한 태도로) 음."

[상황3]

다짜고짜 욕을 할 때: "XX, 역겹다!"

① "너, 지금 인격 모독하는 거야."

② "역겹다고 한 거 맞지?"

③ "(눈에 힘을 주고 무표정과 무성의한 태도로) 음."

사실 무례한 말에 대응하는 것은 현실적으로 정말 힘들고 어렵습니다. 상대에게 참기 힘든 말을 듣는 순간 경직되거나 위축되기도 하고, 반대로 분노가 치밀어 오는 걸 주체하지 못하고 폭발하기도 합니다. 그리고 그렇게 여러분의 마음에 상처를 입힌 사람들은 어떻게 대응해도 크게 달라질 사람이 아닐 수 있습니다. 조금 허탈한 이야기인가요?

상대가 상식이 통하지 않거나 조금의 미안함도 느끼지 못하는 막무가내라면 기분이 상했더라도 무시하는 게 상책일 수 있습니다.

다만 별다른 대응 없이 그냥 넘어가면 여러분을 더 우습게 보고 거리낌 없이 무례를 저지를 수 있으므로 모욕받은 그 자리에서 바로 간단하고 분명하게 불편한 감정과 의사를 표현해서 선을 그어야 합니다. 만약 친구가 계속해서 무례한 행동을 한다면, 여러분을 보호

할 책임이 있는 선생님이나 주위 어른에게 도움을 요청하세요. 학교 차원에서 상황을 조사하고 적절한 조치를 취할 겁니다.

진짜 친구와 가짜 친구 체크 리스트

누가 여러분의 진짜 친구인지 가짜 친구인지를 알고 싶다면 다음의 7가지 문항을 미루어 살펴보세요. 현재 내가 가장 자주 만나거나 친하다고 생각하는 친구의 이름을 적어 보세요. (자기만 알 수 있는 익명이나 이니셜도 좋습니다.)

문항을 읽고 그 친구의 모습과 비슷하면 'O', 다르다고 생각하면 'X'를 빈칸에 표시하세요. 될 수 있으면 O, X 표시하되 판단하기 어려운 경우에만 예외적으로 '△' 표시합니다.

5개 이상인 친구와는 계속 소통하면서 소중한 인연을 이어 가세요. 7가지 기준에 모두 해당하는 친구가 있다면, 당신은 행복한 사람입니다.

그리고 과연 나는 주변 사람들에게 진짜 친구인지 스스로에 대해서도 한번 점검해 보길 바랍니다.

문항	이름	이름	이름	이름	이름
1. 내가 노력한 것들을 인정해 준다.					
진짜 친구는 여러분이 시도하는 모든 노력을 격려하고 응원합니다. 결과가 꼭 좋지 않아도 노력의 가치를 인정해 줍니다.					
2. 나의 부족한 점을 이해해 준다.					
사람은 누구나 장점과 단점이 있습니다. 진짜 친구는 단점을 비난하기보다는 이해해 주고, 개선할 방법을 알려 줍니다.					

3. 내가 잘되면 진심으로 축하해 준다.

남이 잘되면 험담하고 끌어내리는 사람이 있습니다. 진짜 친구는 좋은 일이 있을 때 시기하거나 질투하지 않고 진심으로 축하하고 함께 기뻐합니다.

4. 나의 실수를 용서해 준다.

살면서 실수를 저지를 때가 있습니다. 진짜 친구는 진심 어린 사과를 받아 주고 한 번의 실수는 용서해 줍니다.

5. 나의 선택을 존중해 준다.

우리는 살면서 수많은 선택을 합니다. 현실성이 떨어지거나 자신의 의견과 다르다고 해도 진짜 친구는 나의 선택을 존중해 줍니다.

6. 나의 비밀을 지켜 준다.

비밀은 신뢰하는 사람에게만 털어놓습니다. 진짜 친구는 나의 비밀을 절대로 누구에게도 말하지 않습니다.

7. 언제나 내 편이 되어 준다.

자신에게 필요할 때만 찾는 사람이 있습니다. 진짜 친구는 상황이 좋을 때나 나쁠 때나 항상 내 편이 되어 줍니다.

Chapter 2

자존감을 높이는

나 자신과의 대화

끌려다니지 않고
나답게 말하고 싶어!

나답게 말하려면 먼저 나를 알아야 합니다. '나'를 모르는데 어떻게 '나답게' 말할 수 있을까요? 나를 모르면 상대가 좋아할 만한 말, 다수가 보편으로 생각하는 말이나 판에 박힌 말, 세상이 원하는 모범 답안 같은 말을 하게 됩니다.

한 방송 프로그램에 출연한 가수 이효리가 길에서 우연히 만난 초등학생에게 건넨 말이 무척 인상 깊었는데, 그 상황은 이렇습니다. "커서 어른이 되면 어떤 사람이 될 거예요?"라는 진행자의 질문에 아이가 대답도 하기 전에 다른 출연자가 이렇게 말합니다. "훌륭한 사람이 되어야지!" 이 말을 들은 이효리는 "뭘 훌륭한 사람이 돼, (하고 싶은 대로) 그냥 아무나 돼."라고 말합니다.

현실에서는 어떤가요? 많은 학생은 자기 자신을 잘 모릅니다. 부모님이나 사회가 원하는 대로 살아가기만도 벅차요. 서진이는 좋아하는 게 특별히 없고, 미래의 꿈은 막연하기만 해서 선생님이 추천하고 부모님이 바라는 대로 학교와 학원을 오가며 비슷한 하루를 반복하고 있다고 합니다. 친구들 사이에서도 늘 다른 사람 의견을 따르는 편이고요. 특히, 여러분 중에는 나를 가장 잘 아는 사람이 나를 낳아 준 '부모님'이라고 생각하는 사람이 있을지도 모르겠습니다. 정말 그럴까요?

부모님은 나를 낳아 주신 분이지만 나의 전부를 알지는 못합니다. 여러분과 같은 자녀를 둔 부모님을 대상으로 교육이나 강의를 할 때 종종 이런 이야기를 듣습니다. "제 배에서 나왔지만 우리 애가 왜 이러는지 모르겠어요. 도대체 누굴 닮은 건지.", "제가 부모인데도 아직 우리 애들을 잘 모르겠습니다." 부모님도 여러분을 오롯이 알고 이해하기는 힘들어요.

여러분은 자기 자신에 대해 얼마나 알고 있나요? 서진이처럼 모든 결정을 주위 사람에게 넘기지는 않더라도 "세상에서 나를 제일 잘 아는 건 나야!"라고 자신 있게 말할 수 있는 사람은 그리 많지 않을 겁니다. '나다움'에 관한 고민 없이 '남들처럼' 생각하고 말하다 보면 주위 환경에 쉽게 휘둘립니다. 여러분이 진짜 원하는 건 어떤 것인가요? 진짜 하고 싶은 말은 무엇인가요? 이제부터 '나' 자신과 대화하는 방법을 통해 나를 제대로 알고, 나답게 말해 보세요.

나 자신을 들여다볼 수 있는 네 개의 창이 있습니다. 나도 알고 타인도 아는 '열린 창open area', 나는 알지만 타인은 모르는 '숨겨진 창hidden area', 나는 모르지만 타인은 아는 '보이지 않는 창blind area', 나도 모르고 타인도 모르는 무의식의 영역인 '미지의 창unknown area'이 바로 그것입니다. '조하리의 창Johari's Windows'이라고 합니다. 미국의 심리학자인 조셉 루프트Joseph Luft와 해리 잉햄Harry Ingham이 고안한 심리학 이론으로, 두 사람 이름의 앞 글자를 딴 이름입니다.

	나는 안다	나는 모른다
타인은 안다	열린 창 (open area)	보이지 않는 창 (blind area)
타인은 모른다	숨겨진 창 (hidden area)	미지의 창 (unknown area)

네 개 창의 크기는 나 자신과 대화하고 타인과 소통하면서 계속 변화합니다. 만약, 상대방에게 나의 속 깊은 이야기를 하면 '숨겨진 창'의 크기는 작아지고 '열린 창'은 커집니다. 또한 '나에게 이런 면이 있었구나', '나는 그렇게 생각 안 하는데, 다른 사람한테는 내가 그렇

게 보이는구나.' 하는 사실을 알게 되면 '보이지 않는 창'은 작아집니다. 이렇게 네 개의 창을 생각하며 자기 자신에게 질문하고 대답해 보세요. 조하리의 창을 이용하면 내가 누구인지를 조금씩 알게 됩니다.

가장 먼저 해 볼 것은 '자문자답'입니다. 한 가지 주제를 선택해서 자기 자신과 대화해 보는 거죠. 주제는 자유롭게 바꿔도 됩니다. 여러 가지 주제로 많이 묻고 답할수록 더 많이 알게 될 테니까요.

우리가 무언가를 '안다.'라고 말할 수 있는 건 그것에

대해 많이 생각하고 공부하고 경험해 봤기 때문이에요. 예를 들어 여러분이 어떤 게임을 잘 안다면, 게임 가이드와 플레이 영상 등을 통해 조작법을 공부하고, 모르는 것은 인터넷에서 찾거나 잘 아는 친구에게 물어서 배웠을 겁니다. 또 실제로 직접 게임을 많이 해 보며 터득하기도 했겠죠. 게임만 해도 이렇게 많이 생각하고 공부하고 경험해야 '안다'고 말할 수 있는 수준을 갖출 수 있습니다.

'열린 창'으로 나에게 묻고 답하기

- 나도 알고 친구도 아는 내가 후회하는 일은 뭐지?

(예시: 친구에게 실수하고 바로 사과하지 않은 것)

- 나도 알고 가족도 아는 내 자랑거리가 뭐가 있지?

(예시: 그림 그리기 대회에서 입상한 것)

'숨겨진 창'으로 나에게 묻고 답하기

- 나는 알지만 친구는 모르는 내 마음이 불편한 일이 있나?

(예시: 친구들 따라서 욕 하는 것)

- 나는 알지만 가족은 모르는 내가 도전하고 싶은 일은?

(예시: 오디션에 참가하는 것)

'보이지 않는 창'으로 나에게 묻고 답하기

: 타인에게 물어봐서 내가 몰랐던 점을 발견해 보자.

- 나는 모르지만 친구가 아는 내 성격은 어떨까?

(예시: 강한 척하지만 실은 마음이 여리다는 것)

- 나는 모르지만 가족이 아는 내 고쳐야 할 단점은 뭘까?

(예시: 가족끼리 의견이 다를 때 자기가 원하는 것만 고집하는 것)

'미지의 창'으로 나에게 묻고 답하기

: 확신할 수는 없지만 가능성을 보고 상상해 보자.

- 나도 모르고 친구도 모르는 내 꿈은 뭐지?

(예시: 멋진 어른으로 나이 드는 것)

- 나도 모르고 선생님도 모르는 내가 이루고 싶은 목표는?

(예시: 해외에서 취업하기)

【 나와 대화할 때 물어보면 좋은 주제들 】

장점, 단점, 성격, 취미, 습관, 친구, 스트레스, 자랑거리, 성취 경험, 즐거웠던 경험, 도전해 보고 싶은 것, 이루고 싶은 목표, 꿈, 속상했던 경험, 창피했던 경험, 불편한 일, 힘들었던 일, 후회되는 일, 실패담 등

다음으로, 조하리의 창에서 활용하는 57개 형용사 중에서 '나다움'을 찾아봅니다. 우선 '음, 이건 난데?'라고 생각되는, 나 자신을 잘 표현하는 형용사 6개를 선택합니다. 그런 다음에 친구나 선생님, 가족 등 자주 소통하는 주변 사람에게도 나를 잘 표현하는 형용사 6개를 골라 달라고 요청하세요. 이렇게 나온 형용사들을 4개의 창에 분류합니다.

'열린 창'에는 나와 타인이 모두 선택한 형용사, '숨

겨진 창'에는 나는 선택했는데 타인은 선택하지 않은 형용사, '보이지 않는 창'에는 나는 선택하지 않았는데 타인은 선택한 형용사, '미지의 창'에는 나와 타인이 모두 선택하지 않은 형용사를 넣습니다.

조하리의 창에서 활용하는 형용사 57개					
1	able	재능 있는	30	loving	다정한
2	accepting	솔직한	31	mature	성숙한
3	adaptable	융통성 있는	32	modest	겸손한
4	bold	대담한	33	nervous	겁이 많은
5	black	사악한	34	observant	주의 깊은
6	brave	용감한	35	organized	체계적인
7	calm	침착한	36	patient	참을성 있는
8	caring	친절한	37	powerful	강한
9	cheerful	쾌활한	38	proud	거만한
10	clever	영리한	39	quiet	조용한
11	complex	까다로운	40	reflective	생각이 깊은
12	confident	자신감 있는	41	relaxed	편안한
13	dependable	믿음직한	42	religious	종교적인

14	dignified	위엄 있는	43	responsive	민감한
15	empathetic	이해심 있는	44	searching	철저한
16	energetic	활동적인	45	self-assertive	자기주장이 강한
17	extroverted	외향적인	46	self-conscious	자의식이 강한
18	friendly	우정 어린	47	sensible	현명한
19	giving	마음이 넓은	48	sentimental	감상적인
20	happy	행복한	49	shy	수줍은
21	helpful	도움이 되는	50	silly	어리석은
22	idealistic	이상주의적인	51	spontaneous	자발적인
23	independent	독자적인	52	sympathetic	호감이 가는
24	ingenious	독창적인	53	tense	신경이 날카로운
25	intelligent	총명한	54	trustworthy	신뢰할 수 있는
26	introverted	내성적인	55	warm	따뜻한
27	kind	친절한	56	wise	슬기로운
28	knowledgeable	유식한	57	witty	재치 있는
29	logical	논리적인			

나를 표현하는 형용사	
예시) 솔직한, 적극적인, 자신감 있는	예시) 까다로운, 신경이 날카로운
열린 창 (open area)	**보이지 않는 창** (blind area)
숨겨진 창 (hidden area)	**미지의 창** (unknown area)
예시) 독창적인	예시) 참을성 있는

어떤가요? '내가 이런 사람이구나' 하고 스스로에 대해 새롭게 혹은 더 잘 알게 되었나요? 제가 교육 현장에서 만난 여러분과 같은 십 대는 또래 사이에서 유행하는

신조어나 욕을 습관처럼 아무렇지 않게 내뱉었어요. 인기 있는 친구의 말투와 행동을 따라 하기도 하고 좋은 사람으로 보이고 싶어서 상대의 말에 무조건 호응하거나 주변을 지나치게 의식하며 말하는 친구도 있었고요.

어떤 모습이어도 좋지만, '나'와 맞지 않는 옷을 입으면 어울리지도 않고 불편하기만 할 뿐이에요. 다들 추임새처럼 사용하는 욕설, 내가 하면 어색한 유행어, 과장되게 꾸며낸 친절. 그런 게 여러분을 잘 설명해 주나요? 이제 남의 옷은 벗어 던지세요. 4개의 창으로 끊임없이 나 자신과 대화하면서 '나다움'을 찾기를 바랍니다. **나를 알아야 나답게 말할 수 있다는 사실을 꼭 기억해 주세요.**

당당하게 발표하고 싶은데 어떻게 해야 하지?

　　"수행 평가 발표를 해야 하는데요. 친구들과 선생님이 보고 있는 게 너무 떨리고 말도 자꾸 버벅거려요"

"제가 평소에 발표도 잘 안 하고 내성적인 성격이라 앞에 나가서 발표하는 게 너무 싫어요. 실수하면 쪽팔릴 것 같아요."

"교탁 앞에만 서면 목소리가 막 떨리고 제가 생각하고 있던 말도 못 해요."

"수행 평가 발표를 자신감 있게 하고 싶은데 목소리도 작고 반 애들의 시선이 무서워요."

혹시 '어? 이거 내 얘기인데'라고 생각했나요? 발표를 앞둔 아이들이 공통으로 토로하는 걱정거리와 고민입니다. 우리는 왜 이렇게 사람들 앞에서 발표하기가 어려울까요? 바로 평가에 대한 두려움과 잘해야 한다는 부담감 때문이에요.

'누군가가 나를 평가한다는 생각'과 '실수 없이 잘해야 한다는 생각'은 자신을 더욱 힘들게 만듭니다. 수행 평가 점수는 곧장 성적에 반영되기 때문에 두려움과 부담감을 느끼는 건 지극히 당연한 일이에요. 그러나 이러한 생각에서부터 자유로워져야 합니다.

발표는 내가 알고 있는 정보를 사람들에게 말로 설명해 주는 일이니까 '평가받는 것'이 아니라 '도움을 주는 것'이라고 생각을 전환해 보세요. 그리고 '실수해도 괜찮다'는 사실을 상기하는 거예요. 인간은 누구나 실수할 수 있습니다. 저도 여러분도 크고 작은 실수를 하고 또 수습하며 살 수밖에 없어요. 발표할 때 실수하더라고 일단 그 순간을 잘 넘기면 됩니다.

뇌 과학에 따르면, 어떠한 생각이나 행동을 계속 반복해서 자극받으면 그게 인간의 뇌를 재조직화하여 새로운 회로를 형성한다고 해요. 쉽게 말해서, 뇌에 작은 길이 생기는 겁니다. 신경계의 이런 유연한 성질을 '가소성Plasticity'이라고 부르는데 생각한 대로 길(회로)이 만들어지는 겁니다.

그러니 발표하기 전에 생각부터 바꿔야 합니다. 생각을 바꾼 다음에는 행동해야죠. 실제로 발표 실력을 키워야 해요. 말을 잘하는 사람을 보면 타고났다고 생각하겠지만 사실은 철저한 연습의 결과라는 걸 말씀드리고 싶습니다. 당당하게 발표하는 방법 세 가지를 알려 드릴게요.

발표할 때 PPT를 보고 그대로 읽는 학생이 많습니다. 그런 발표는 혼자 말하는 것과 같아요. 준비한 자료를 읽기만 한다면 발표자가 왜 필요할까요? 발표는 일방적으로 지식을 전달하는 걸 넘은, 청중과의 상호 작용입니다.

여러분도 매일 같이 듣는 선생님의 수업보다는 친구의 수행 평가 발표에 더 귀를 기울이게 되지 않나요? 내 차례에는 어떻게 하면 좋을지 고민하며 더욱 집중하게 되고, 발표를 앞두고 긴장된 마음에 공감해 친근감을 느낄 수도 있을 겁니다.

그렇다면 여러분의 발표를 들어 줄 친구들에게 여러분이 해 줄 수 있는 배려는 무엇일까요? 바로 발표 내용을 숙지해서 잘 전달하는 것입니다. '숙지熟知'라는 말은 한자로 '익을 숙熟'과 '알 지知' 자로 이루어져요. 익숙하게 혹은 충분히 안다는 뜻입니다. 외워서 말하는 '암기'와는 달라요. 토씨 하나 틀리지 않고 작성한 발표문을 외우거나, 듣는 사람에게는 시선을 두지 않은 채 PPT만 보고 그대로 읽는다면 그건 발표라고 할 수 없습니다.

먼저, 발표 주제와 그에 관한 여러분의 생각을 드러

내는 중요한 단어와 문구를 중심으로 내용을 숙지하세요. 청자가 여러분 발표의 핵심을 파악할 수 있도록 하는 게 가장 중요하기 때문이에요.

이때 발표 개요서를 작성하면 도움이 됩니다. 발표할 내용을 대주제와 소주제, 그 안의 세부 내용을 책의 목차처럼 짜 두는 거예요. 우리가 책을 볼 때 목차를 훑어보면 대략 책의 내용과 흐름을 알 수 있는 것처럼 발표 개요서를 쓰다 보면 여러분이 말할 내용과 그 흐름을 좀 더 구체적이고 명확하게 상상할 수 있습니다.

개요서는 도입과 전개, 마무리 순으로 내용을 정리해 놓고 말하는 중간중간 보면서 발표하는 연습을 반복하면 유창함은 물론 청자와의 상호 작용도 놓치지 않을 수 있습니다.

하고 싶은 말을 충분히 알고 익숙하게 입에 붙도록 연습하세요. 한결 당당한 태도로 매끄럽게 발표할 수 있을 거예요.

둘째, 큰 목소리로 생동감 있게 말합니다.

말은 언어와 목소리로 구성되어 있어요. 목소리에 담아내는 말은 어떤 목소리인지에 따라 전달력과 설득력이 달라집니다. 발표할 때는 입을 크게 벌리고 배에 힘을 쥐서 평상시보다 조금 더 큰 목소리로 말해야 해요. 그래야 자신감 있어 보이고, 제일 뒷자리에 앉은 친구에게까지 내용이 잘 전달됩니다.

발표자의 태도는 청자가 느끼는 발표의 신뢰도를 좌우해요. 그리고 모든 사람에게 잘 들리도록 노력하는 것은 배려이기도 하답니다. 불안한 모습이나 너무 작은 목소리는 청자가 편안한 마음으로 발표를 들을 수 없게 하거든요.

여유가 있다면 소리의 높낮이에도 변화를 주는 게 좋습니다. 높낮이가 일정하면 딱딱하고 말이 단조롭게 느껴져요. 말에 생동감이 없으면 내용이 얼마나 흥미롭든 귀에 잘 들어오지 않아 발표가 지루하고 따분해집니

다. 높낮이의 변화를 주어야 말하는 사람의 감정과 열정이 전달되고, 듣는 사람이 끝까지 나의 말에 집중할 수 있습니다. 때로 중요한 내용 앞에서 말을 잠시 멈추는 전략도 필요합니다.

또한 발음을 정확하게 하면 믿음직한 인상을 줄 수 있어요. 그러기 위해서는 글자의 소릿값을 분명하게 내야 합니다. 문장이 끝날 때까지 한 음절 한 음절 의식적으로 소리를 뱉으세요. 말끝을 흐리면 발음이 어눌해지고 하는 말에 확신이 없어 보입니다.

내성적인 성격에 목소리가 작았던 학생도, 습관적으로 웅얼거리며 말하던 학생도 모두 훈련을 통해 개선되었습니다. 목소리는 누구든지 좋아질 수 있어요. 여러분 각자의 목소리는 고유하고 값지답니다. 앞서 말한 내용을 꾸준히 연습해서 자기에게 잠재한 목소리의 가치를 높이기를 바랍니다.

셋째, 비언어적 표현을 사용합니다.

우리는 자신이 가진 생각을 언어와 목소리뿐만 아니라 몸짓으로도 표현할 수 있습니다. 표정, 자세, 눈 맞춤, 손짓, 동선 등 몸을 적극적으로 사용하는 발표자일수록 자신 있어 보입니다.

특히 눈 맞춤을 통해 청자와 상호 작용하는 게 중요합니다. 발표자가 PPT만 보고 있는 모습을 원하는 사람은 없겠죠? 눈 맞춤이 잦은 발표자는 능숙하고 여유 있어 보이므로 청자로부터 신용을 얻기 쉽습니다. 내가 청자를 보지 않으면 그들은 내 말을 귀 기울여 듣지 않습니다. 눈 맞춤의 중요성, 조금은 알겠나요?

기상 캐스터가 날씨 예보하는 모습을 한번 떠올려 볼까요? 마치 여러분이 기상 캐스터가 된 것처럼 청중 전체를 두루 살피며 미소 띤 얼굴로 일대일로 이야기하듯 바라보세요. 한 사람을 응시할 때는 3초 이상 보는 게 좋습니다.

그리고 말의 내용을 손짓으로 표현하면 전달 효과를 높일 수 있습니다. 엄지를 제외한 네 손가락을 붙이고 말을 할 때 손끝을 위로 향하게 하세요. 손끝에 힘을 주며 자신 있게 뻗어야 합니다. 중요한 단어나 내용을 말할 때 검지를 피면 강조가 되기도 해요. 모든 손짓은 숙지하고 있는 내용에 맞게 상반신 범위에서 그림을 그리듯 자연스럽게 해 줘야 합니다.

처음에는 평소와 다른 움직임이 과장되고 어색하게 느껴질 수도 있지만, 태연한 척해 보세요. 그러다 보면 어느 순간, 여러분의 몸짓이 정말 여유로워질 거예요.

저도 함께 그 순간을 기다리고 기대하겠습니다.

실수해도 의연하게 넘어갑니다.

가장 대표적인 실수가 할 말을 잊어 버리거나 발음이 꼬여서 말을 버벅거리는 겁니다. 갑자기 할 말을 잊어버렸다면 잠시 숨을 고른 후 침착하고 자연스럽게 다음 내용으로 넘어가세요. 청중은 여러분이 어떤 말을 할지 전혀 알지 못합니다. 발표를 준비한 당사자만 알 뿐이죠. 내가 당황한 티를 내지 않고 넘어가면 상대도 의식하지 못합니다.

그리고 발음이 꼬여서 말을 버벅거리는 실수는 아나운서도 종종 한답니다. 다시 정확한 발음으로 정정해서 말하면 돼요. 실수하고 나서 우왕좌왕하거나 수습하지 않으면 발표를 듣는 사람에게 방해가 되고, 발표자에 대한 신뢰가 떨어집니다. 실수는 누구나 할 수 있어요. 당황하지 않고 의연하게 대처하는 태도가 가장 중요하다는 걸 기억하길 바랍니다.

발표 능력은 머릿속에 이론만 쌓아서 향상하는 게 아니라 몸으로 직접 훈련해야 해요. 훈련할수록 실력은 향상됩니다. 휴대폰으로 발표하는 모습을 촬영해서 모니터링까지 한다면 더욱 좋습니다. 운동선수나 가수, 배우들도 자기 모습을 녹화한 영상을 보고 고쳐야 할 점을 찾아내 반복적으로 연습합니다.

성공하려면 분야에서 가장 뛰어난 사람이 되기보다 유일한 사람이 되라는 이야기를 들어 봤을 거예요. 자신의 고유한 특색을 드러낼 수 있는 자기표현은 갈수록 중요해지고 있습니다. 이제 말하기 능력은 선택이 아닌 필수인 시대예요. 철저한 준비와 연습으로 남들 앞에 서서 당당하게 자신을 표현해 보세요. 발표 능력은 내가 꿈꾸는 곳으로 나를 이끌어 주는 강력한 무기가 됩니다.

QR영상보기

이번 시험 망했다!
나는 왜 이러는 거야!

       우진이는 하루 종일 학교 수업을 받고 방과 후에
는 학원까지 다니며 공부하는데 집에 와도 쉴 틈이 없습니다.
학교 과제와 학원 숙제까지 마쳐야 하거든요 내일까지 끝내
놓아야 해서 밤이 늦도록 잠을 잘 수 없습니다. 부모님의 기대
도 잘 알고 있어요. 하지만 아무리 공부해도 시험 성적은 오르
지 않고 그러니 공부는 더욱 하기 싫은 악순환이 반복됩니다.
시험을 치르기도 전에 "이번 시험 망했다!"라고 외치는 우진이
의 비명이 안타깝고 구슬프게 들리는 이유입니다.

누군가 내 낮은 점수를 가지고 놀리면 순간 발끈하거나 주눅
이 들어 비굴해집니다. 반면에 내 점수가 높은 경우에는 우쭐
대며 교만해지기도 하고요. 여러분이 공부하는 진짜 이유를
찾아보세요. 공부를 배움이 아닌 경쟁으로 여기고 있지는 않
나요? 생각을 바꿔야 합니다. 그렇지 않으면 평생 점수와 순
위 싸움의 굴레 속에서 마음이 지옥일 수 있습니다.

다른 친구와 자신을 비교하지 말기

학교에서는 학업 성적이 누가 상위권이고 하위권인지, 누가 영어를 잘하고 못하는지, 누가 과학을 잘하고 못하는지 등 점수별로 전교 순위, 반 순위, 과목별 순위가 매겨집니다.

특히 시험이 끝나면 "우리 반에서 민재가 전교 1등 했대!", "지난번 시험에서 예은이가 수학 만점 받았대!", "현준이는 이번에도 꼴찌라던데?"와 같이 다른 친구의 성적에 관한 말들이 퍼지면서 금세 친구 사이에서 보이지 않는 서열이 생겨요. 이렇게 경쟁적인 학습 환경에서 공부를 잘하는 친구와 자기를 계속 비교하면 결국 자책하게 되고 자존감이 떨어집니다.

비교로 우리가 얻을 수 있는 건 '비굴'해지거나 '교만'해지는 것이라고 합니다. 내 점수가 높든 낮든지 간에 다른 친구와 자신을 비교하기보다는 '어제의 나'와 '오늘의 나'를 비교하면서 매일 더 나아진 '나'로서 목표를 이뤄 나가길 바랍니다.

결과보다 과정에 의미 두기

공부는 왜 해야 할까요? 여러분은 공부를 왜 하나요? 수없이 많이 들은 질문일 것 같습니다. 혹시 학교에 다니니까 어쩔 수 없이 한다거나 부모님이 하라니까 억지로 하고 있나요? "나중에 네가 하고 싶은 일을 하려면 지금은 공부를 열심히 해야 해." 아마 주변 어른들에게서 이런 말도 한 번쯤 들어봤을 테죠.

정신 건강 의학과 전문의는 공부의 목적에 대해 "공부는 대뇌를 발달시키는 과정 중 하나이다. 지식보다는 상식을 많이 배우면서 이해하고 해석·처리하는 과정이 인지 기능을 발달시키는 데 굉장히 중요하다."라고 설명합니다. 즉, 우리가 살아가는 데 꼭 필요한 인지 기능을 공부하는 과정에서 발달시킬 수 있다는 얘기죠.

인간은 누구나 자신만의 재능이 있는데, 그게 공부인 사람도 있고 운동이나 음악, 미술 등 예체능인 사람도 있습니다. 제가 하고 싶은 말은 공부 외에도 다양한 재능이 있다는 거예요. 최상위권의 학생은 공부에 재능이 있는 것뿐입니다. 안타까운 일이지만 노력한 결과가 꼭 좋지는 않습니다. 가끔은 운 좋게 노력에 비해 결과가 좋기도 합니다. 노력에 대한 결과는 담보할 수 없어요.

점수나 등수 등 지나치게 결과에 치중하면 자신이 괴로워질 수 있습니다. 하지만 과정에 의미를 두면 '몇 점을 맞았다', '몇 등을 했다'가 아니라 공부를 통해서 '전에 몰랐던 걸 알게 됐다'고 여길 수 있어요. 결과가 어떻든 자기 효능감이 올라갑니다. 그러니 여러분이 노력한 만큼 점수가 잘 나오지 않더라도 너무 좌절하지 말고 공부하는 자체에 의미를 두었으면 좋겠습니다.

긍정 확언으로 자기 암시하기

많은 학생이 "시험을 볼 때마다 초조해서 실수를 연발해요.", "너무 긴장되고 시계를 자꾸 확인하다 보니 집중이 안 돼요.", "시험 기간 전부터 걱정되고 떨려요."라며 고민을 털어놓습니다. 이렇게 심리적으로 불안한 상태는 자기 암시로 극복할 수 있습니다.

심리학에서는 '암시[1]'를 개인에게 특정한 생각이나 의도를 간접적으로 전달하여 행동을 동기화시키는 심리적 영향력의 과정이라고 규정하고 있습니다. 즉, 자기 암시는 원하는 바를 스스로 반복적으로 되뇌는 것인데 쉽게 말해 '반복하는 말의 힘'이라고 볼 수 있어요. 지속적인 자기 암시는 잠재의식을 바꾸어 암시한 대로 생각하고 행동하도록 만듭니다.

2016년 리우올림픽 남자 펜싱 결승전에서 금메달을 획득한 박상영 선수의 이야기를 들려 드릴게요. 그는 마지막 한 라운드에서 13 대 9, 무려 4점 차로 지고 있었어요. 얼굴은 굳었고 긴장감이 맴돌았습니다. 그때 박상영 선수는 "나는 할 수 있다. 나는 할 수 있다."라는 말을 혼자 되뇌기 시작합니다. 재개된 경기에서 그는 5점을 연달아 득점했고 기적적으로 금메달을 목에 걸었습니다.

매번 고도의 긴장감 속에서 경기를 치르는 운동선수들은 자기 암시를 많이 합니다. 예를 들면 야구 선수는 타석에 들어섰을 때 방망이를 돌리며 긴장을 푸는 동시에 투수의 공을 칠 수 있다는 자기 암시를 하고, 축구 선수도 프리킥 전에 호흡을 가다듬으며 골을 넣을 수 있다는 자기 암시를 합니다. 사회적으로 성공한 인물 중에도 자기 암시를 통해 부를 축적하고 목표를 이루었다고 말하는 사람이 많습니다.

자기 암시를 반복적으로 한 사람은 그렇지 않은 사람보다 습관을 고치거나 목표를 이루는데 강한 의지를 보입니다. 이제 여러분도 시험을 앞두고 "나는 시간 내에 시험문제를 다 풀 수 있다!", "나는 시험이 끝날 때까지 집중력이 좋다!", "나는 문제를 정확히 읽고 실수하지 않는다!", "나는 할 수 있다!"라는 긍정 확언으로 자기 암시를 해 보세요. 이는 곧 현실이 될 겁니다. 자신의 가능성을 진심으로 믿는다면 불안함은 사라질 거예요.

자기 암시에 효과적인 긍정 확언 20

- 나는 가치 있는 사람이다!
- 나는 내 운명의 주인이다!
- 나는 운이 좋은 사람이다!
- 나는 나를 믿는다!
- 나는 할 수 있다! 하면 된다!
- 나는 용감하고 강인하다!
- 나는 넘어져도 다시 일어난다!
- 나는 언제나 최선을 다한다!
- 나는 새로운 걸 시도한다!
- 나는 내가 가진 모든 것에 감사하다!
- 나는 생각을 바꾸면 인생이 바뀐다는 걸 안다!
- 나는 매일 변화하며 성장한다!
- 나는 날마다 모든 면에서 점점 더 좋아지고 있다!
- 나는 언제나 삶이 주는 선물을 기쁘게 받는다!
- 나는 나 자신을 바꿈으로써 세상을 변화시킨다!
- 내가 노력하면 사람들은 감동한다!
- 내게는 원하는 모든 걸 해낼 힘이 있다!
- 내가 지금 이뤄낸 것들은 내가 선택한 결과다!
- 세상에는 잃는 게 있으면 반드시 얻는 게 있다!
- 실수는 배울 기회다!

거울만 보면 스트레스야!
나만 못생기고 뚱뚱한 것 같아

《내겐 너무 가벼운 그녀》라는 제목의 미국 영화가 있습니다. 남자 주인공 할 라슨은 금융 회사에 다니는 회사원인데, 본인은 키도 작고 통통하면서 얼굴이 예쁜 여자 친구만 사귀려고 하는 외모 지상주의자입니다. 예쁜 여자들에게 무시당하고 차이기 일쑤지만 그래도 무조건 예쁜 여자를 만나겠다고 고집을 부립니다.

그러던 어느 날, 그는 유명한 심리 상담사와 고장 난 승강기 안에 갇히게 됩니다. 구조를 기다리는 동안 둘은 대화를 나누는데, 지나치게 외모만 밝히는 그에게 심리 상담사는 특별한 최면을 걸어요. 그것은 못생기고 뚱뚱한 여자를 예쁜 여자로 착각하게 만드는 최면이었습니다. 최면에 걸린 그는 바로 그날 본인의 이상형인 완벽한 외모의 로즈메리를 보고 첫눈에 반합니다. 그렇게 완벽한 이상형의 여자 친구가 생겼다는 생각에 나날이 행복한 시간을 보냈지만, 결국 못생기고 뚱뚱한 여자를 예쁘다고 하는 그를 이상하게 여긴 친구에 의해 최면이 풀리게 됩니다.

이 영화는 미국에서 처음 개봉했을 때 고도 비만한 사람들을 놀림거리로 만들었다는 비판적인 평가를 받기도 했어요. 그러나 이러한 시각에 대해 감독은 '세상에 많은 종류의 인간이 있고 다양한 외모를 편견 없이 보고 판단하지 않는다면 사람들이 누구와 사랑에 빠지게 될지 다시 생각해 볼 수 있을 것'이라고 응수했습니다.

미인의 기준은 시대마다 상황마다 변화했어요. 중세의 미인 기준은 풍만함이었기에 동양의 최고 미인으로 손꼽히는 양귀비도 오동통한 체형이었습니다. 마리 앙투아네트는 주걱턱(부정교합 또는 합스부르크 입술이라고도 해요)이었고, 고대 이집트 역사에서 미인으로 널리 알려진 클레오파트라는 매부리코였다고 합니다. 여성의 목이 길수록 아름답다고 생각한 미얀마-타이 국경 지역의 카얀족은 어릴 때부터 놋쇠로 된 고리를 목에 걸어서 목의 길이를 늘이는 관습이 있다고 해요.[2]

미인의 기준은 사회가 만드는 것이고, 계속 달라집니다. 그러니 외모에 집착하거나 외모만으로 자신의 가치를 깎아내리지 않았으면 해요. 사람을 '외모로만' 평가하지 않는 성숙한 태도와 내 외모에 대한 누군가의 평가를 무심하게 넘길 수 있는 당당한 자세가 우리에게 필요합니다.

외모는 사람의 일부일 뿐, 전부가 아니라는 점 기억하기

여러분은 어떤가요? 외모 지상주의에 대해 어떻게 생각하나요? 지나치게 외모에 집착하거나 자기의 외모를 연예인처럼 잘생기고 예쁜 사람들과 비교하면서 스스로 콤플렉스를 느껴 자존감이 낮아지는 사람이 많습니다. 외모는 사람의 일부일 뿐 전부가 아니에요. 외모 말고 지식과 경험·인성·능력·성격·가치관·태도 등 다른 장점과 가치를 알아보고 존중해 주세요.

세상 모든 것에는 고유의 색깔과 형태가 있고 그 존재 자체로 아름답습니다. 누가 더 아름답다는 우위가 없어요. 자연이라는 큰 범주에서 우리의 가치는 외모에 있지 않아요. 우리 모두 고유의 매력과 특성을 가진 존재라는 사실을 잊지 마세요.

만약 친구가 여러분에게 "얘 프사(프로필 사진) 좀 봐. 진짜 웃기다!", "너 살쪘어? 다이어트 안 해?"라고 비아냥거리듯 말한다면 어떻게 하는 게 좋을까요? 누군가 내 외모를 가지고 놀리거나 좋지 않게 말한다면 누구나 기분이 나쁘고 어쩌면 자존감도 떨어질 거예요.

하지만 외모로 나의 가치를 깎아내리는 친구에게 내가 흔들릴 필요는 없습니다. 누군가의 비교와 평가하는 말로부터 나 자신을 지켜야 해요. 외모 평가는 그들의 주관적인 생각일 뿐입니다. 이런 경우에 "내가 볼 땐 괜찮은데? 너 보라고 프사 한 거 아니야.", "어, 나 살쪘어. 다이어트는 내가 알아서 할게." 이렇게 의연한 자세로 침착하게 말해 보세요.

우리나라에서 진학과 취업을 위해 제출해야 하는 지원서에 증명사진을 붙이는 걸 보고, 외국인들이 경악한다는 걸 아나요? 학업 능력이나 직무 능력과 상관없이 외모를 본다는 사실 자체만으로도 문제이지만, 자칫 인종 차별로 이어질 수 있어서 그렇습니다.

인간이 감각 수용의 약 80%를 시각에 의존하는 만큼 '보편적인 미'에 대한 선호는 뇌의 무의식적이고 본능적인 판단이라고 볼 수 있어요. 그래서 얼굴 생김새, 체형, 키, 피부, 옷차림 등 겉모습에 따른 호감도의 차이가 발생합니다.

외모로 사람을 평가하는 것은 분명 바람직하지 않지만, 사실 우리는 관계에서 어떠한 판단을 내릴 때 상대의 외적인 모습에 상당 부분 영향을 받고 있습니다. 어려운 문제죠?

"얘 프사 좀 봐. 진짜 웃기다!"
(의연한 자세로 침착하게 말한다.)

"내가 볼 땐 괜찮은데? 너 보라고 프사 한 거 아니야."

"너 살쪘어? 다이어트 안 해?"

(그냥 무심하게 말한다.)

"어, 나 살쪘어. 다이어트는 내가 알아서 할게."

'외모 만족'을 높이고 꾸준히 건강 관리하기

여러분은 스스로 외모에 만족하나요? 가장 처음 외모 만족 정도를 제시한 세코드Secord와 조라드Jourard는 '외모 만족'을 신체의 각 부분에 대해 만족하거나 불만족한 정도로 정의했습니다. '외모 만족이 높다'는 것은 실제 자기 외모를 평가하는 정도가 아니라 스스로 자기 외모를 얼마나 긍정적으로 수용하는지를 의미합니다.

'외모'는 타고나는 부분이 많고 완벽하게 자기 마음에 들기 어렵습니다. 그렇지만 자기 외모를 긍정적으로 받아들여 '외모 만족'을 높일 수는 있어요. 청소년을 대상으로 한 연구에서도 자기 외모를 긍정적으로 인식하는 청소년은 대인 관계에서도 자신감을 가지게 되고 자존감도 높다고 합니다.

외모 만족을 높이고 매력적인 사람이 되고 싶다면 현재 자기의 외모를 긍정적으로 수용하고, 노력을 통해 개선할 수 있는 게 있다면 변화를 시도해 보세요. 꼼꼼한 세안으로 피부 노폐물을 제거하고 얼굴 마사지를 한다든지, 식단 관리를 통해 체지방률을 줄인다든지, 하루에 30분이라도 가벼운 산책이나 근력 운동, 유산소 운동을 한다든지 해 보는 겁니다.

저는 여러분이 '단순한 외모 관리'가 아닌 '꾸준한 건강 관리'를 했으면 합니다. 자신의 키에 적합한 체중과 근력을 만들며 이전보다 건강해진 자기 모습을 보면 자신감이 솟아오를 거예요. 물론 남의 시선이나 평가 때문이 아니라 스스로 변화하고 싶다는 마음을 먼저 갖춘다면요. 여기에 더해 환한 미소와 바른 자세, 친절한 태도 등으로 자신을 더 매력적으로 가꿨으면 좋겠습니다.

나는 왜 인기가 없을까?

      이제는 한국을 넘어 글로벌스타가 된 그룹 BTS의 멤버 정국이 최근 솔로 앨범을 발매한 후 그 인기가 전 세계를 강타했습니다. 이렇게 인기를 얻는 비결은 무엇일까요? 아이돌처럼 예쁘고 잘생긴 사람이나 노래를 잘 부르고 춤을 잘 추는 사람이어야만 인기를 얻을 수 있는 걸까요? 전 세계적인 인기를 얻는 건 아니더라도 유독 사람이 많이 몰리고 누구나 호감을 느끼는 친구가 여러분 주위에 한 명쯤 있지 않나요?

인기人氣는 한자 '사람 인人'과 '기운 기氣' 자로 이루어진 말입니다. 즉, 사람의 기운을 말합니다. 인기 있는 사람은 공통으로 밝은 기운을 가지고 있어요. 평소에 '나는 왜 인기가 없을까?', '왜 수빈이는 인기가 많지?', '주위 사람을 끌어당기는 수빈이의 매력은 뭘까?' 궁금했다면 그 비밀은 '기운'에 있습니다. "매점 같이 갈래?", "2교시 끝나고 운동장 고?", "체육 수행 같이 하자." 이렇게 인기인이 되는 걸 한 번쯤 상상해 본 적 있다면, 다음 두 가지 방법을 알려 드리고 싶습니다.

밝은 기운을 가진 사람 되기

혹시 "오늘따라 왜 이렇게 기운이 없어? 밥 안 먹었어?" 또는 "무슨 일 있어? 기운이 없어서 축 처져 있네……" 라는 이야기를 들어 본 적이 있나요? '기운이 있고 없고'에 따라 주변 사람들에게 전해지는 에너지가 달라집니다. 그래서 인기 있는 사람이 되고 싶다면 밝은 기운을 가지고 있어야 해요. 밝은 기운으로 먼저는 나 자신을 지탱하고, 그 기운이 차고 넘쳐서 다른 사람에게도 줄 수 있어야 합니다.

이제는 명실공히 세계적인 스타가 된 BTS도 희망적인 가사와 흥겨운 멜로디, 힘이 느껴지는 안무, 신나는 몸짓과 표정 등으로 전 세계 팬들에게 밝은 기운을 주며 큰 사랑을 받고 있습니다. BTS뿐만 아니라 여러분이 가장 좋아하는 '최애' 아이돌 역시 그러한 매력으로 여러분의 마음을 사로잡은 거겠죠. '외모'도 하나의 인기 요인이 될 수 있지만 더 중요한 것은 '기운'이라는 점을 잊지 마세요.

오감을 자극하며 소통하기

기운은 눈에는 보이지 않지만 눈, 귀, 코, 혀, 피부 등 오감을 맡는 기관을 통해 우리에게 느껴집니다. 그래서 상대의 오감을 자극하는 방법으로 내 안에서 끌어올린 밝은 기운을 전해 주세요. 그러면 사람들이 내 주위에 모이고 어느새 친구들 사이에서 좋은 친구, 인기 있는 사람이 되어 있을 거예요. 그럼, 밝은 기운을 가진 사람들이 공통으로 자주 하는 말과 행동, 표정 등을 연습해 볼까요?

1. 긍정적이고 낙관적인 단어: 자기 생각과 감정을 전달할 때 긍정적이고 낙관적인 단어를 사용하세요. 친구들의 기분을 좋게 만들고 조금 더 부드럽게 상호 작용을 할 수 있습니다. 상대에게도 긍정적인 영향을 줄 수 있고요. 이러한 말 한마디는 상대방을 배려하는 행동입니다.

🐰 그거 별로야! → 이게 더 좋은 것 같아.

🐰 늦지 마! → 일찍 와 줘.

🐰 보람, 성취, 쟁취, 사랑, 희망, 용기, 약속

2. 생동감 있는 목소리 톤: 생동감 있는 목소리에서는 열정을 느낄 수 있습니다. 느낌표를 목소리로 표현한다고 상상해 보세요. "파이팅!"이라고 외칠 때 생동감

있는 목소리 톤과 어조가 살아납니다.

항공사 승무원들이 기내 방송을 할 때 환영 인사는 조금 높은 목소리로 밝게, 비정상 상황으로 인한 사과는 조금 낮은 목소리로 차분하게 전합니다. 여러분도 친구들과 즐겁게 소통할 때는 밝게, 격려나 위로를 건넬 때는 차분하게 말해 보세요.

🐰 그래……. → 그래, 좋아!
🐰 응……. → 응, 알겠어!

3. 빛나는 표정과 활기찬 몸짓: 얼굴에 미소를 띠고 눈을 또렷하게 뜨면 빛나는 표정을 만들 수 있습니다. 이러한 표정은 다른 사람들이 나에게 쉽게 다가올 수 있는 여유를 줍니다. 자세는 허리를 곧게 세우고 발표할 때와 마찬가지로 적절한 비언어적 표현을 사용해 여러분의 자신감과 활기를 드러내세요.

축 늘어진 어깨, 구부정한 자세, 우물대는 목소리, 흔들리는 눈빛, 부정적인 말은 상대에게 밝은 기운을 주지 못합니다. 밝은 기운을 가진 사람은 말과 행동에 기쁨과 긍정, 따뜻함, 배려가 묻어 있습니다. 상대는 그 기운을 오감으로 느낍니다. 인기 있는 사람은 다른 사람에게 밝은 기운을 퍼뜨려 어느 곳에서나 긍정적이고 즐거운 분위기를 만듭니다.

흔히 '인기'라고 하면, 자칫 예쁘고 잘생긴 연예인처럼 사람들에게 스포트라이트를 받는 화려함만을 떠올립니다. 그런 단면만 보고 지나치게 갈망하면 무리한 다이어트나 허세 등 잘못된 방식으로 인기를 얻으려 할 수 있습니다. 연예인 역시 사람들에게 밝고 좋은 기운을 전하는 사람이라 인기 있다는 점을 잊지 마세요. 인위적인 조명 없이도 저는 여러분이 스스로 빛날 줄 아는 사람이라고 생각합니다. '자체 발광'의 매력을 마음껏 뽐내 보세요.

로젠버그 자존감 테스트

미국의 사회학자 모리스 로젠버그가 개발한 자존감 척도는 사회 과학 연구에서 많이 사용되는 자아 존중감을 측정하는 테스트입니다. 각 문항을 읽고 빠르게 응답한 후 점수를 합산하세요.

문항마다 점수 배치가 다르니 합산할 때 유의하길 바랍니다.

문 항	매우 그렇다	그렇다	그렇지 않다	매우 그렇지 않다
1. 대체로 나 자신에게 만족한다.	4	3	2	1
2. 때때로 내가 전혀 잘하고 있지 않다는 생각이 든다.	1	2	3	4
3. 나는 여러 가지 좋은 자질을 가지고 있다고 생각한다.	4	3	2	1
4. 나는 다른 사람들만큼 일을 잘할 수 있다.	4	3	2	1
5. 나는 자랑할 게 별로 없다고 생각한다.	1	2	3	4
6. 가끔 나 자신이 쓸모없다고 느껴진다.	1	2	3	4
7. 내가 다른 사람들처럼 가치 있는 사람이라고 생각한다.	4	3	2	1

8. 나 스스로 나를 좀 더 아끼고 존중할 수 있으면 좋겠다.	1	2	3	4
9. 전반적으로 내가 실패자라고 느끼는 경향이 있다.	1	2	3	4
10. 나 자신에 대해 긍정적인 태도를 가지고 있다.	4	3	2	1
합 계	_____점			

로젠버그의 자아 존중감 척도 - Dr. Rosenberg Self - Esteem Scale

【0-19점】낮은 자존감

【20-29점】보통의 자존감

【30점 이상】높은 자존감

Chapter 3

예의를 지키는

어른과의 대화

부모님의 잔소리는
멈출 수 없을까?

　　　　　'갓생살다, 많관부, 사바사, 저메뉴, 억텐, 구취,
킹받다, 그잡채, 분좋카, 중꺾마……'

여러분은 이 중에 몇 가지나 뜻을 알고 있나요? 부모님은 몇
개나 알고 있을까요? 부모님의 잔소리는 신조어와 같습니다.
신조어의 뜻을 모르면 서로 말이 안 통하는 것처럼, 잔소리의
속뜻을 모르면 매번 부딪치고 싸우게 됩니다.
그리고 신조어가 한때 유행하다 사라지는 것처럼, 부모님의
잔소리도 자연스럽게 사라지는 때가 분명 옵니다. 바람처럼
언젠가 멈출 때가 올 거라고 생각해 보세요. 여러분의 마음이
한결 편안해질 거예요.
또 하나 추천해 드리고 싶은 방법은 잔소리의 속뜻을 통역해
보는 것입니다. 여러분이 누군가의 자식이 된 경험이 처음이
듯이 부모님도 처음으로 누군가의 부모가 되는 경험을 하는

중입니다. 그래서 실제의 마음과는 다르게 표현하는 것에 서툴기도 해요.

부모님이 달라질 때까지 잠시 기다려 주는 게 어떨까요? 여러분 역시 부모님이 하는 잔소리의 속뜻을 헤아리는 노력을 같이 한다면 서로 마음의 거리를 좁힐 수 있을 거예요.

속뜻을 찾아 통역하기

최근 통역사 한 분이 저를 찾아왔습니다. 의뢰인이 말하고자 하는 핵심과 의도를 제대로 통역하고 상대측 이야기도 잘 전달해야 하는데, 그 사이에서 말의 속뜻을 파악하지 못해 간혹 곤란했던 일이 있었다며 도움을 요청했습니다.

말의 속뜻을 헤아리는 걸 저는 '통역'이라고 부릅니다. 표면적인 말의 내용을 넘어 이면에 있는 속뜻을 파악하는 통역의 과정을 거치면 훨씬 원활하게 소통할 수 있어요. 다음의 예시 상황들을 통해 부모님의 잔소리가 다르게 통역될 수 있음을 알 수 있습니다.

평소에 부모님과 자주 부딪치는 상황들을 떠올려 보고 나는 어떻게 통역을 할 것인지 미리 생각해 본다면 비슷한 일이 다시 발생했을 때 전과 다르게 받아들일 수 있을 거예요.

[상황1]

부모님의 말　집에서도 안 하는 공부를 독서실 가서 한다
고? 퍽이나 잘하겠다 네가!
친구들하고 우르르 몰려가서 놀기만 할 게
뻔한 데. 괜히 돈 낭비하지 말고 집에서나 제
대로 해!

부모님의 속뜻　엄마는 지윤이가 집에서 공부하는 습관을 들
이고 나서 독서실에 다녔으면 좋겠어.
친구들 영향을 많이 받는 시기니까 같이 어
울려 놀기만 하면 어쩌나 걱정되거든.
집에서도 혼자 잘하게 되면 그때 독서실 꼭
보내 줄게.

[상황2]

부모님의 말　너 지금 당장 게임 안 꺼! 휴대폰을 부숴 버려
야 안 하겠어?
언제까지 하기로 했으면 약속을 지켜야지,
그렇게 책임도 못 질 말을 왜 하니!
게임중독에 빠져서 자신도 조절 못 하는 네
가 도대체 커서 뭐가 되려나 걱정이다.

부모님의 속뜻 엄마/아빠는 지금 화가 많이 났어.

신뢰가 중요하다고 생각하는데 이번 일로 엄마/아빠는 서현이에게 조금 실망했어.

좋아하는 걸 즐기는 건 괜찮지만 조절하지 못하고 중독적으로 하는 건 위험하고 걱정돼.

[상황3]

부모님의 말 남들은 의사가 되겠다, 외교관이 되고 싶다, 하물며 유튜버가 꿈이라고 하는데 너는 어떻게 아직까지 꿈이 없니?

네 인생인데 그렇게 생각 없이 살아도 돼?

나중에 엄마/아빠 때문에 그랬다고 원망하지 마!

부모님의 속뜻 엄마/아빠는 지훈이의 꿈이 뭘까 궁금해.

꿈은 인생의 나침반처럼 어떻게 살아야 할지 길잡이가 되어 주거든.

꼭 있어야 하는 것도 아니고, 언제든 바뀔 수도 있지만 한번 생각해 보면 좋겠어.

나중에 엄마/아빠 때문에 꿈이 없다고 원망할까 봐 사실 두려워.

통역한 말을 그대로 하기

어떤가요? 그 속뜻을 통역해 보니 대화의 분위기가 아주 다르죠? 이제야 부모님의 진심이 보이고 나를 걱정하는 부모님의 사랑이 느껴집니다.

한국인 부모와 자녀 간 일반적인 의사소통의 특징을 분석한 연구에 따르면, 부모와 자녀 사이에 의사소통의 양이 절대적으로 부족할 뿐만 아니라 비난, 꾸지람, 충고, 제시 등과 같은 일방적인 대화가 주로 오간다고 합니다. 개방적이기보다는 폐쇄적인 대화가 주를 이루는 거죠. 또한 가족 내에서 부모와 자녀와의 관계가 권위적인 경향이 있어서 수평적인 대화보다는 수직적인 대화를 더 많이 나눴습니다.[3]

보통 부모님은 여러분이 무언가 잘못했다고 생각할 때 잔소리를 합니다. 혼내야 할 필요가 있다고 생각하는 거죠. 혼을 낼 때 화를 내는 것처럼 보이는 경우가 많은데, 여러분이 느끼는 것과 달리 그 안에는 분노가 아닌 걱정이 담겨 있습니다. 걱정된다는 말을 하고 싶었던 건데 속뜻과 다르게 다그치고 강요하는 말을 하게 된 것이죠. 그런데 속마음은 전해질 수 없고 여러분으로서는 윽박지르는 말밖에 들을 수 없으니 부모님의 높아진 언성에 맞춰 거친 말을 쏟아 내게 됩니다.

부모님의 말을 잔소리로 받아들이는 순간부터 모든 말은 제안이나 걱정이 아니라, 강압과 화로 느껴질 수밖에 없습니다. 그렇게 되면 목소리가 커지고 갈등은 고조됩니다. 사이가 안 좋아질 수밖에 없어요.

이런 상황에서 부모님에게 어떻게 말하면 좋을까요? 아주 간단하고 쉬운 방법이 있습니다. 바로 여러분이 통역한 부모님의 속뜻을 그대로 말해 주는 거예요. 예를 들어 [상황1]에서는 "엄마는 제가 집에서 공부하는 습관을 들이고 나서 독서실에 다녔으면 좋겠다고 생각하시는 거죠? 아무래도 친구들 영향을 많이 받으니까 같이 어울려서 놀기만 할까 봐 걱정되신다는 것도 잘 알아요. 저도 이번 달에는 집에서 혼자 해 볼 테니까 다음 달부터는 독서실 보내 주시면 안 돼요?"라고 해 보는 겁니다.

막상 현실에서는 부모님의 가시 돋친 말에 감정이 욱해서 거친 말이 나가거나 나중에 후회할 말을 뱉을 수도 있어요. 한 번에 잘되지는 않지만 계속 시도해 보는 게 중요합니다.

한 가지 사실은 꼭 기억했으면 좋겠습니다. **사람을 다그치면 관계를 그르친다**는 걸요. 가장 좋아하고 아끼는 사람이기 때문에 걱정되고, 그래서 서로 잔소리를 하게 됩니다. 그걸 여러분이 잘못했다고 다그치는 말이라고 생각해서 맞받아치면 싸움이 됩니다.

이 세상에 부모님만큼 나를 사랑해 주는 사람은 없습니다. 부모님도 노력하고 있음을 알고, 부모님의 말 안에 담긴 속뜻을 헤아려 보세요. '몸에 좋은 약이 쓰다'는 말처럼 잔소리를 '약'이라고 생각해 보는 건 어떨까요? 물론 잔소리를 듣고 싶어 하는 사람은 이 세상에 없습니다. 다만 내가 좋아하고 나에게 소중한 사람이기에 노력할 뿐입니다.

서로가 하는 말을 통역해서 들으려는 노력이 없다면 좋은 관계를 결코 유지할 수 없어요. 노력하는 그 자체로 의미가 있기 때문에 그런 관계는 더욱 친밀하게 발전할 수 있습니다. 나에게 소중한 사람을 '곁에 두느냐, 떠나게 하느냐'는 말 한마디에 달려있다는 사실을 잊지 마세요.

명령조로 말하는 부모님이 싫어!

특히 아빠와의 소통이 힘든 청소년들의 이야기를 들어 보면, 아빠가 가부장적이고 자신들을 강압적으로 통제하며, 평소에 이거 해라 저거 해라 무조건 명령조로 말한다고 합니다. 부모와 자녀 간의 부정적 의사소통 양상[4]을 봐도, 아버지의 경우에는 '이유는 묻지 않고 야단부터 시작하는 말하기', '경고와 협박', '불신', '예전의 잘못까지 합하여 말하기' 등의 소통 방식을 보입니다. 이는 미국의 심리학자 다이애나 바움린드Diana Baumrind가 분류한 자녀 양육 태도 유형 중에 '권위주의형'에 해당합니다. 이 유형의 부모는 일방적으로 규칙을 정한 뒤, 자녀에게 절대적인 준수를 강요해요. 자녀가 규칙을 지키지 않거나 반발하면 "쓸데없는 짓 하고 다니지 말고 공부나 해!", "이런 거 또 사면 그때는 용돈 없는 줄 알아!", "네 맘대로 살고 싶으면 내 집에서 나가!"라는 식의 말도 서슴지 않습니다. 만약 부모님이 권위적이고 엄격해서 힘들다면 이번에 할 이야기가 도움이 될지도 모르겠습니다.

낮은 목소리로 감정 드러내기

부모에게, 그것도 권위적인 부모에게 대항한다는 것은 사실 두렵고 무서운 일입니다. 하지만 잘못됐다고 생각할 때도 반박하지 않고 가만히 있으면 주체성, 즉 여러분 자신을 잃게 됩니다. 나중에 대인 관계와 사회생활에도 영향을 줘요. 타인의 괴롭힘이나 무례한 행동, 불합리함 등 명백히 맞서야 하는 상황에서도 내 의견을 내지 못하고 순응하는 태도를 보일 수 있습니다.

부모님과 싸우라는 이야기가 아닙니다. 화를 내거나 짜증 섞인 말투로 말하는 게 아니라 차분하게 자신의 불편한 감정을 드러낼 수 있어야 한다는 거예요. "그 부분에 대해서는 저도 억울해요."라고 감정을 표현하고 "그렇게 말씀하시는 건, 저하고 생각이 달라요." 나의 의견이 '틀린 것'이 아니라 '다른 것'이며 이런 다양성을 존중해 주기를 요청하세요.

부모님과 갈등이 있을 때 마주할 수 있는 최악의 상황은, 여러분이 저지른 과거의 잘못이나 실수를 다시 꺼내어 죄책감을 들게 하고, 그걸 빌미로 부모님이 그동안 쌓아 두었던 분노를 쏟아 내는 경우입니다. 말문이 막히고 억울하겠지만, 이럴 때는 실수를 침착하고 빠르게 인정하되, 과거의 잘못이 현재까지 이어지고 있는 게 아님을 인지하도록 해야 합니다.

높고, 크고, 빠른 목소리는 공격적으로 느껴지니 갈등 상황에서는 목소리 톤은 낮게, 말은 천천히 하세요. 이것만으로도 대단히 용기 있는 행동이자 변화의 시작점입니다. 여러분이 차분해진다면 부모님도 차분해질 수 있습니다.

한발 물러서서 거리 두기

물론 부모님은 쉽게 변하지 않습니다. 특히 강압적이고 통제적인 아빠와 강하게 대립하면 자칫 물리적인 충돌이 발생하고 분위기가 더욱 험악해질 수 있습니다. 그러니 **때로는 한발 물러서는 게 안전하게 나를 지키는 방법입니다.** 이때 필요한 게 '관계의 거리 두기'인데요.

말이 안 통하고 나를 힘들게 하는 사람이 있다면 설사 가족이라 할지라도 적당한 거리 두기가 필요합니다. 이를테면 집에서 아빠와 마주치는 상황을 최소화하는 겁니다. 식사 시간에는 조용히 밥만 먹고 방으로 들어가고, 아빠가 거실에 있다면 나는 다른 방에 가 있는 식으로 말입니다.

만약 집이 안전하지 않다고 느낀다면 청소년 보호기관에 도움을 요청하길 바랍니다. 살면서 우리는 가정과 학교, 사회 등에서 많은 사람과 관계를 맺고 지내죠. 소중한 사람과 가깝게 지내는 것만큼이나 중요한 게 나를 힘들게 하는 사람과 거리를 두는 거예요. 자신이 거리를 두어야 하는 사람이 누구인지 안다면 관계에서 오는 피로감과 갈등, 더 나아가 고통을 줄일 수 있습니다.

부모님과 다른 방식으로 말하기

우리는 행복한 가정을 꿈꾸지만 늘 행복하지만은 않습니다. 크고 작은 부모님과의 갈등, 형제자매와의 다툼 등이 일어나죠. 집에서 언제 어떤 일이 일어날지, 미래에는 무슨 일이 일어날지 그 누구도 알 수 없지만 **이미 '일어난 일'에 대해서는 어떠한 태도로 살아갈지 내가 선택할 수 있습니다.**

'난 왜 이런 집에서 태어난 거야?', '부모 같은 건 필요 없어!', '이렇게 사는데 내 인생이 뭐가 달라지겠어?'라고 생각하면 내가 행복해질까요? 내 인생이 나아질까요? 힘들고 어려운 고난이 찾아왔을 때 자기 자신을 비하하고 남을 탓하고 세상을 비관적으로 바라보기 쉬워요. 하지만 자신에게 닥친 불행을 안타까운 현실로 받아들일 뿐 더 나은 미래와 희망을 꿈꾸는 것도 얼마든지 가능합니다. 이러한 태도로 살아갈 때 인생이 달라질 수 있습니다.

내가 생각하는 이상적인 부모님과 대화를 미리 상상하고 연습해 보세요. '나는 절대 부모님처럼 안 할 거야!'라고 다짐해도 내가 부모님에게서 따뜻한 말을 들어 본 적이 없기 때문에 자신이 부모가 되었을 때 어떻게 말해야 할지 몰라 당황스러울 겁니다. 다음의 예시 상황들을 통해 부모님과 다른 방식으로 말해 보세요. 나중에 여러분이 바란 멋진 어른으로 성장한 모습을 기대하겠습니다.

1. 경청과 이해: 부모는 자녀의 의견을 경청하고 이해해야 합니다.

"요즘 스터디 카페 갔다 오면 많이 지쳐 보이는 것 같아. 공부할 때 어떤 점이 힘든지 엄마/아빠한테 말해 줄래?"

2. 감정 표현: 부모도 자신의 감정을 솔직하게 표현하고 자녀의 감정을 물어보아야 합니다.

"엄마/아빠가 잠시 화가 났어. 지윤이가 공부를 안 하는 것 같아서. 너의 미래가 걱정되었어. 앞으로 엄마/아빠가 도와

줄 수 있는 게 뭐가 있을까?"

3. 피드백과 칭찬: 자녀의 노력과 성과를 인정하고 칭찬해 주면 자녀는 더욱 노력할 동기를 얻습니다.

"이번 시험 성적이 조금 떨어졌구나. (비난보다는 공감해 주기) 엄마/아빠보다 지윤이가 더 아쉽겠지. 시험공부 하느라 애쓴 거 엄마/아빠가 잘 알아. 지난번에 틀렸던 문제를 다시 공부 해서 이번에 맞춘 건 정말 기특한데! 다음에 더 잘하면 되지!"

4. 협상과 타협: 의견 차이가 있어도 서로의 의견을 존중하고 조율하며 합리적으로 타협합니다.

부모 "지금부터는 스마트 폰 사용 시간을 줄이기로 하자."
자녀 "그럼 친구들과 연락도 못 하게 되잖아요."
부모 "친구들과 연락할 시간은 어느 정도가 적당하다고 생
각하니?"

5. 의견 존중과 사고의 확장: 부모는 자녀가 스스로 판단하고 결정하도록 생각과 의견을 존중해야 합니다.

부모 "너는 어떤 직업을 가지고 싶니?"

자녀 "돈 많이 버는 직업이요!"

부모 (처음부터 부정하지 않기) "직업을 정할 때 돈의 가치를 가
장 중요하게 생각하는 거야? 정말 하기 싫은 일인데도
돈만 많이 주면 할 수 있겠어? 그럼, 직업에 대해 생각
할 때 돈 외에 또 어떤 게 중요할까?"

부모님께 상처 주는 말을 하려고 했던 건 아닌데

소설 『아몬드』에서 열여섯 살 소년인 주인공 윤재는 '감정 표현 불능증'을 앓고 있습니다. 또 다른 인물인 곤이는 분노와 화로 가득 차 있는데, 부모와 주변 사람들로부터 받은 상처가 커서 좋지 않은 방식으로 불화하고 갈등을 일으키는 아이입니다. 서로 다른 이유로 두 사람은 '괴물'이라 불립니다. 감정을 느끼지 못하고 표현하지 못하는 자와 감정을 조절하지 못하는 자. 누가 더 괴물일까요?

여러분은 감정을 어떻게 조절하고 또 표현하고 있나요? 매일 마주하는 가족과 마음을 잘 주고받고 있나요? 감정을 나누며 소통하는 것은 우리 인생에 매우 중요하고 소중한 일입니다. 사랑하는 가족이지만 대화가 서툴러서 서로에게 상처를 줄 때가 많습니다. 말하기 전에 내 마음을 먼저 다독여야 상처 주는 말을 입 밖으로 내뱉지 않을 수 있어요. 마음을 전하기 위해서는 어떻게 해야 할지, 다음의 두 가지를 기억해 봅시다.

'반응'하지 말고 '대응'하기

반응과 대응이라는 말의 차이를 알고 있나요? 반응^{reaction}은 무의식적으로 하는 습관적인 말과 행동을, 대응^{response}은 의식적으로 하는 선택적인 말과 행동을 의미합니다.

부모님과 대화할 때 감정이 격해지거나 갈등이 생기면 그동안 내가 습관적으로 말했던 방식이 불쑥 튀어 나갑니다. 갈등이 커질수록 우리는 의식적으로 대응해야 합니다. 그래야 상황이 더 나빠지는 걸 막을 수 있어요.

의식적으로 대응하려면 말을 바로 맞받아치지 말고 잠시 호흡 먼저 해 보세요. 특히 코로 숨을 쉬면 우리 뇌가 감정을 더 잘 조절할 수 있다고 합니다.

"공부해야지! 지금 뭐 보고 있어? 딴짓하지 말고 집중해!"

반응하는 말: 무의식/습관적/충동적

(인상을 찌푸리고 짜증을 내며 말한다.)

"지금 하고 있어요!! 알겠다고요!"

대응하는 말: 의식/선택적/이성적

(5초간 숨을 들이마신 후 말한다.)

"저를 걱정해 주시는 건 감사해요. 공부하다가 잠깐 본 건데 다시 집중해 볼게요."

열심히 공부하고 있다가 잠깐 다른 걸 봤는데 부모님이 오해했을 수도 있습니다. 사실은 공부하기 싫어서 잠깐 다른 것에 빠졌을 수도 있고요. 어떤 상황인지가 중요한 게 아니라, 어떠한 상황에서도 사랑하는 가족에게 상처 주는 말을 하지 않는 게 더 중요합니다.

부모님의 말에 짜증이 나거나 화가 날 수 있어요. 상

처 주는 말을 하면 그 말을 하는 여러분도 동시에 상처 입습니다. 그런 말은 상대에게 가닿지 않고 그저 다치게만 할 뿐이에요. 감정이 격해진 상황에서도 서로에게 이로운 방향으로 말하는 방법이 있을까요?

잠시 숨을 고르며 마음을 다스린 다음에 침착하게 자신의 감정과 생각을 표현하세요. 우리는 말을 충동적으로 내뱉기 때문에 상대에게 상처를 줍니다. '대응'을 잘하는 사람은 순간적인 감정에 동요하지 않고 말을 신중하게 합니다. 가족에 대한 사랑은 변함없는데도 한순간의 말로 서로를 다치게 하지 않았으면 좋겠습니다.

'때문에'보다는 '덕분에'로 말하기

이 세상에 당연한 건 없습니다. 감사한 마음으로 받아들일 뿐입니다. 부모님의 사랑 또한 그렇습니다. 그러나 우리는 가족에 대한 사랑을 자주 잊어버리곤 합니다.

내 마음에 불만과 원망이 가득하다면 내 입에서 어떤 말이 나갈까요? 불평불만의 말을 늘어놓게 되겠죠. 그래서 평소에 부정적인 감정보다는 긍정적인 감정을 마음속에 담아 두어야 합니다. 특히 가족에 대한 감사한 마음을 가지고 '덕분에'라는 말을 많이 쓰는 게 좋습니다.

🐰 (불평/불만/원망) 엄마 **때문에** 공부를 못 하겠잖아!

🐰 (감사/인정/지지) 엄마 **덕분에** 다시 집중해서 **공부했어요.**

'덕분'은 '베풀어 준 은혜나 도움'을 뜻하는 말로, 감사와 인정, 지지의 의미가 말 속에 담겨 있어서 자연스럽게 긍정적인 말이 뒤따르게 됩니다. "(늦잠을 잤는데 차로 데려다준) 엄마 덕분에 학교에 지각하지 않았어요.", "(학원 숙제를 도와준) 형 덕분에 문제를 빨리 풀어서 놀 시간이 생겼어요."라고 말할 수 있어요.

반면에 '때문'은 '어떤 일의 원인이나 까닭'을 뜻하는 말로, 부정적 맥락과 긍정적 맥락에서 모두 쓰이지만, 주로 불평과 불만, 원망을 담은 부정적인 말이 뒤따릅니다. '누구 때문에', '무엇 때문에' 되는 게 없다고, 일을 망쳤다고 탓하는 말을 하게 돼요. 그러니 이제부터는 '덕분에'라는 말을 자주 써 보세요.

감사한 일은 저절로 생기지 않습니다. 상황이나 상대를 긍정적으로 바라보고 감사한 마음을 가져야 합니다. 아주 작은 것, 가까운 주변에서 감사한 일을 발견하고 말해 보는 거예요. 그러면 가족과 나누는 대화가 곧 사랑과 감사로 가득해질 겁니다.

가족에게 감사한 일 찾아서 적어 보기

짜증 나는데 선생님한테 뭐라고 말하지?

"선생님이 음악 시간에 조별로 돌아가면서 악기 연주를 해 보라고 하셨어요. 대표로 한 사람만 해도 되는데, 조원들이 다 하면 상품을 준다고 하시는 거예요. 저는 너무 부끄러워서 못 했더니 저희 조는 상품을 못 받았어요. 친구들에게도 좀 미안했고…… 나만 못 난 것 같은 기분이 들었어요……. 선생님 때문에 짜증 나요!"

"수행 평가가 얼마 남지 않았어요…… 다른 과목들에 비해 수학이 자신 없는데요. 하필이면 이번 수학 수행 평가가 앞에 나와서 칠판에 문제를 푸는 거라서 걱정이에요. 아무래도 수학을 못 하다 보니까 열심히 해도 앞에 나와서 문제를 못 풀면 친구들이 다 보는데 너무 창피할 것 같아요. 수학 선생님이 담임이라 혼날 것 같고!"

119

"과학 시간이었어요. 선생님이 질문을 하고 정답을 아는 학생은 손 들고 대답하라고 하셨는데 아무도 들지 않았어요. 그래서 선생님이 학생들을 지목했는데 저한테도 물어보시는 거예요. 애들이 다 지켜보고 있어서 엄청 떨렸고, 처음에 잘못 말하니까 선생님한테 약간 핀잔도 들었고요. 결국 답은 맞췄지만 원래 과학을 싫어했는데 더 싫어하게 될 것 같아요. 우쒸, 선생님 마음에 안 들어요. 짜증 나고 창피했어요!"

인간은 사회적 동물이고, 다른 사람의 시선을 의식하는 건 자연스러운 일이니 이렇게 부끄러워할 수 있어요. 제가 만난 여러분 나이대 친구들은 대부분 다른 사람들 앞에서 겪게 되는 창피함과 부끄러움을 못 견뎌 했어요. 학교생활 중에 자기를 여러 사람 앞에서 민망하게 만든 선생님에 대한 불만이 많다는 것도 알았습니다.

저는 여러분의 편이지만, 여러분이 생각하는 것 이상으로 선생님들이 학급 운영과 생활 지도, 수업 진행 등 많은 업무를 담당하고 있다는 걸 알아주었으면 해요. 선생님은 개성 넘치는 수십 명의 학생을 만나고 가르치기 때문에 여러분의 상황과 그때 느끼는 감정들을 일일이 알 수 없어요. 그러니 선생님에게 직접 이야기하는 방식으로 소통했으면 좋겠습니다. 선생님과 소통할 때는 두 가지만 기억하세요.

먼저, 선생님과 진지하게 대화를 나눌 적절한 때와 장소가 중요합니다. 선생님이 뭔가 평가해야 할 일이 밀려 있거나 행정 업무가 쌓여 있는 상황이라면 아무래도 학생들의 이야기를 충분히 들어 줄 수 있는 마음의 여유와 시간적 여유가 없겠죠.

"수행 평가 관련해서 선생님께 드릴 말씀이 있는데, 혹시 언제 시간 되세요?"라고 물어보세요. 그리고 수업 중이나 다른 학생들 앞에서가 아니라 선생님이 바쁠 때를 피해 개인적으로 이야기할 수 있는 장소에서 진지하게 대화하는 겁니다. 이때 특정 상황이나 예시를 들어서 불만 사항을 구체적으로 말하세요.

불만을 말하는 자리이니만큼 혹시라도 퉁명스러운 말투나 불량한 자세가 나오지 않도록 주의하고, 예의를 갖춰서 침착하고 정중하게 말해야 합니다. 어떤 부분에서 부당하거나 불합리하다고 느꼈는지, 선생님에게 개인적으로 서운한 점은 무엇인지 등 마음에 담아두었던 걸 말하고 나면 마음이 한결 홀가분해지고 응어리가 남지 않습니다.

선생님이 먼저, 알아서 알아주기만을 바랄 수는 없어요. 선생님에게 직접 대화를 요청해 솔직하게 말하면,

선생님도 미처 생각하지 못했던 학생들의 서운함이나 불만을 알게 되고 학생들의 입장을 조금 더 이해할 수 있습니다.

💬 "수행 평가 관련해서 드릴 말씀이 있는데, 혹시 언제 시간 되세요?"

💬 "선생님과 잠깐 얘기를 나눴으면 좋겠어요. 괜찮으세요?"

개선에 초점 맞추기

학교에서 일어났던 특정 사건이나 선생님의 행동에 대해 학생들이 불만이 있을 수는 있어요. 하지만 선생님 없는 데서 도를 넘는 욕이나 험담하는 것은 나의 인격을 깎아 먹는 일입니다. 옆에서 심한 언행으로 선생님을 욕하는 친구가 있을 때 나서서 말리지는 못할지언정 분위기에 휩쓸려 동조하지는 말아야 합니다. 그보다는 어떻게 하면 상황을 개선할 수 있는지에 초점을 맞추세요.

"수행 평가 기준을 명확하게 미리 제시해 주셨으면 좋겠어요."와 같이 문제에 대한 잠재적인 해결책을 내가 먼저 제시할 수도 있고 "선생님에게 지적받을 때 차별받는 기분이 들어요. 다른 방법은 없나요?"라고 문제를 해결하는 방법에 대해 선생님의 의견을 물어볼 수도 있습니다.

> 🐰 "선생님, 수행 평가 기준을 명확하게 미리 제시해 주셨으면 좋겠어요."
> 🐰 "선생님에게 지적받을 때 차별받는 기분이 들어요. 다른 방법은 없나요?"

선생님은 언제나 학생들에게 열린 마음을 가지고 있습니다. 여러분이 공손하고 정중하게 불만을 표현하는 방법을 익힌다면 선생님은 물론 다른 어른들과도 더 긍정적이고 건설적인 대화를 나눌 수 있을 거라고 생각해요. 대화를 마친 후에는 시간을 내어 여러분의 불만과 고민을 들어 준 선생님께 감사한 마음을 전하기를 바라요.

말하고 싶지도, 방에서 나가고 싶지도 않다면?

'쾅쾅쾅! 쾅쾅!' 요란하게 울리는 방문 소리. 이어서 엄마의 날카로운 목소리가 들립니다. "너 방문 걸어 잠그고 뭐 하는 거야? 언제까지 방구석에 처박혀서 안 나올래? 벌써 며칠째 이러는 거야! 도대체 뭐 때문에 그렇게 무기력하게 늘어져 있는지, 엄마도 그 이유나 좀 알자! 말 안 해? 왜 이러는 거야 정말…… 엄마한테 말해야 뭘 도와줄 거 아니야……." 엄마가 화도 내 보고 애원도 해 보는데도 도무지 꿈쩍하지 않는 하은이. 말하고 싶지도 않고 자기 방에서 혼자만의 시간을 보내고 싶은 특정한 시기가 있지요. 집에서 마음 편히 쉴 수 있는 공간은 방뿐인데 그것조차 허락되지 않는 상황이 짜증 나고 답답할 수 있어요. 그러나 회피하고 거부하는 것만이 능사는 아닙니다. 건강한 관계를 유지하려면 의사소통은 필수예요. 대화를 하고 싶지 않거나 방을 떠나고 싶지 않을 때도 부모님과 효과적으로 의사소통하는 몇 가지 팁이 있습니다.

명확하지만 정중하게 '경계'를 설정하세요. 혼자 있고 싶거나 휴식이 필요할 때 아무 말 없이 방에 조용히 들어갔다가 나오지 않으면 부모님은 당연히 걱정합니다. 때로는 무시당한다고 오해할 수도 있어요. 버릇없는 행동을 한다고 화가 날 수도 있고요.

그러니 침묵으로 일관하지 말고 부모님에게 나의 상황과 감정, 요청을 짧게 한마디만 해 주세요. 부모님께 바라는 걸 정확하게 요구해야 경계를 세울 수 있습니다. 말도 하지 않고 홀로 부정적인 감정을 그대로 방치하면 무기력해지고 우울감이 생깁니다.

차분하게 나만의 시간이 필요하다고 말하세요. 예를 들면 "지금은 혼자만의 시간이 필요해요. 하루만 저를 그냥 내버려 두세요." 또는 "지금 강압적인 느낌이 들어요. 당장은 더 말하고 싶지 않으니까 제 방에 혼자 있을게요."라고 하는 겁니다.

이렇게 경계를 설정하면 부모님이 아무래도 조심하게 되고, 여러분이 정한 선을 넘지 않으려고 노력할 거예요. 가족끼리 상의해야 할 문제가 생기거나 대화가 필요할 땐 특정 시간을 정해서 그때 말하는 것으로 타협점을 찾으세요.

메모 작성하기

직접 대면하여 말하는 게 너무 힘들고 어렵다면 부모님에게 메모를 남겨 보세요. 즉각적으로 반응해야 한다거나 당장 대화해야 한다는 압박 없이 자신의 감정과 생각을 표현하는 효과적인 방법이 될 수 있습니다. 소통을 아예 회피하고 거부하면 건강한 관계를 유지할 수 없어요. 대화를 하고 싶지 않은 상황에서도 최소한의 의사 표현은 해야 합니다.

짧게 메모를 남겨서 거실의 탁자나 주방 식탁, 현관문, 자기 방문에 붙여 놓으세요. 이를테면 "오늘 밥 생각 없어요. 절대 부르지 마세요." 또는 "내일까지 그냥 잠만 자고 싶어요. 씻고 자라고 깨우지 말아 주세요."라고 써

붙이는 겁니다. 직접 얼굴 보며 말하는 게 싫을 때는 이 정도의 간격을 두고 소통을 해 보세요.

도로에서도 차간 거리를 유지하지 않으면 교통사고가 날 확률이 높아져요. 사람 사이에서도 적당한 안전 거리를 유지하는 게 중요합니다. 그래야 서로 존중하며 관계를 지킬 수 있어요.

이렇게 딱딱하게 말하는 게 마음이 편치 않을 수 있지만, 대화가 곧 불화가 될 것 같다는 생각이 들면 부모님과 여러분 사이에 물리적인 시간과 공간을 두는 게 좋아요. 서로 고성을 지르며 대립하는 상황은 최대한 피하세요.

말과 글을 통한 최소한의 의사소통

- 지금은 혼자만의 시간이 필요해요. 하루만 저를 그냥 내버려 두세요.
- 지금 강압적인 느낌이 들어요. 당장은 더 말하고 싶지 않으니까 제 방에 혼자 있을게요.
- 오늘 밥 생각 없어요. 절대 부르지 마세요.
- 내일까지 그냥 잠만 자고 싶어요. 씻고 자라고 깨우지 말아 주세요.

감정 상태 자가 진단하기

언제부턴가 모든 일이 귀찮고 짜증 난다면 자신의 감정 상태를 유심히 살펴보세요. 어떤 때에는 아무것도 하기 싫고 기운도 없고, 정신이 멍할 수 있습니다. 이 시기에는 기분 전환을 하고 체력을 키워 부정적인 감정이 가라앉도록 노력해야 합니다. 질풍노도의 청소년기에 느끼는 감정들은 비일상적이며 주체하기 힘들 수 있습니다. 부정적인 감정을 방치하면 문제가 돼요.

특히 무기력함이나 우울감이 깊어진다면 부모님이나 선생님, 신뢰하는 사람에게 반드시 도움을 요청해야 합니다. 다음 쪽에서 감정 상태를 자가 진단해 보고 그에 관해 부모님과 대화해 보세요. 예를 들어 "계속 울적한 기분이 들고 슬퍼요.", "사람들이 나한테만 차갑게 대하고 멀리하는 것 같아요."라고 나의 감정과 상태를 솔직하게 알리는 것으로 시작하세요.

역학 연구 센터 우울 척도 Center for Epidemiological Studies-Depression Scale, CES-D 검사는 현재의 우울 증상 정도를 측정하기 위한 목적으로 개발된 것입니다. 지난 일주일 동안 다음 문항과 같이 행동하고 느낀 날이 얼마나 있었는지를 체크하고 점수를 합산하세요. 문항마다 점수 배치가 다르니 합산할 때 유의하길 바랍니다.

*현재 상태를 간단하게 진단할 수 있는 테스트이며, 전문가와의 상담을 통해서만 가장 정확한 진단을 내릴 수 있다는 점을 유의하세요.

나는 지난 일주일 동안	극히 드물게 1일 이하	가끔 1일~2일	자주 3일~4일	거의 대부분 5일~7일
1. 평상시에는 아무렇지도 않던 일들이 귀찮게 느껴졌다.	0	1	2	3
2. 먹고 싶지 않았다. 식욕이 없었다.	0	1	2	3
3. 가족이나 친구가 도와주더라도 울적한 기분을 떨칠 수 없었다.	0	1	2	3
4. 다른 사람들만큼 능력이 있다고 느꼈다.	3	2	1	0
5. 무슨 일을 하든 정신을 집중하기가 힘들었다.	0	1	2	3

6. 우울했다.	0	1	2	3
7. 하는 일마다 다 힘들게 느껴졌다.	0	1	2	3
8. 미래에 대하여 희망적으로 느꼈다.	3	2	1	0
9. 내 인생은 실패작이라는 생각이 들었다.	0	1	2	3
10. 두려움을 느꼈다.	0	1	2	3
11. 잠을 설쳤고 잠을 잘 이루지 못했다.	0	1	2	3
12. 행복했다.	3	2	1	0
13. 평소보다 말을 적게 했고 말수가 줄었다.	0	1	2	3
14. 세상에 홀로 있는 듯한 외로움을 느꼈다.	0	1	2	3
15. 사람들이 나에게 차갑게 대하는 것 같았다.	0	1	2	3
16. 생활이 즐거웠다.	3	2	1	0
17. 갑자기 울음이 나왔다.	0	1	2	3
18. 슬픔을 느꼈다.	0	1	2	3
19. 사람들이 나를 싫어하는 것 같았다.	0	1	2	3
20. 도무지 무엇을 시작할 기운이 나지 않았다.	0	1	2	3
합 계			_____점	

【0-15점】건강한 상태
우울한 감정은 정상적인 우리 감정 중 하나입니다.

【16-20점】경미한 상태
현재 스트레스의 영향을 받기 시작한 단계입니다.
지속될 경우 스트레스로 인해 부정적 결과가 나타날 수 있습니다.

【21-24점】우울감이 있는 상태
주위 사람들에게 자신의 상태를 알리고 도움을 받아야 하는 상황입니다.
전문가의 도움이 필요할 수도 있습니다.

【25점 이상】우울증 상태
전문가와 상담이 필요합니다. 전문 상담기관이나 정신건강의학과
방문이 필요하겠습니다.

이런 시기는 누구에게나 올 수 있고, 살면서 언제든 다시 찾아올 수 있습니다. 다만 이 시기에 갈등의 골이 깊어지면 부모님과의 관계가 완전히 단절될 수도 있어요. 깨진 그릇을 원래대로 다시 붙일 수 없는 것처럼 깨진 관계도 이전과 완전히 같은 상태로 돌아가기 어렵습니다. 손상된 관계를 회복하는 것은 매우 힘든 일입니다. 그러니 완전한 단절이 아니라 아주 최소한의 의사소통을 이어 가는 것으로 부디 이 시기를 지혜롭게 넘어가길 바랍니다.

Chapter 4

안전하게 소통하는

비대면 대화

전화 통화는 무서워

메신저 앱에 알람이 뜨자 준서는 하던 일을 멈추고 곧바로 답장을 보냅니다. 잠시 후 전화벨 소리가 울립니다. 그런데 무음으로 전환하더니 휴대폰 액정화면만 바라볼 뿐 전화를 받지 않아요. 준서처럼 메신저 연락은 잘하는데 통화는 어려워하는 학생들이 많습니다. 혹시 여러분도 그런가요?

이런 전화 기피를 '콜 포비아call phobia'라고 합니다. 전화와 공포증의 합성어로, 전화 통화를 기피하는 현상을 말합니다. 코로나라는 유례없는 감염병이 대유행한 여파로 그로부터 3년간은 인파가 몰리는 사회적 모임과 행사를 금지하고 유치원은 물론 초·중·고등학교에 전면 등교를 제한하는 사태가 벌어졌죠. 전문가들은 코로나로 일상화된 이런 비대면 문화가 온라인에 익숙한 젊은 층의 콜 포비아 현상을 가속화했다고 말합니다.

한 문화 평론가는 "젊은 층은 어렸을 때부터 인터넷과 휴대전화로 주고받는 메시지에 익숙해져 있다. 온라인을 통한 간접

접촉이 주된 소통이 되면서 통화에 어려움을 겪는 흐름이 나타났다"라며 "코로나 발발로 대면 만남이 줄어들면서 이 같은 어려움은 더 가중됐다"라고 분석했습니다.[5]

혹시 여러분도 전화가 오면 화면만 응시하며 시간을 끌거나 아예 받지 않기도 하나요? 아니면 전화벨 소리에 심장이 두근거리고 무슨 말을 해야 할지 몰라 머릿속이 복잡한가요? 이것은 단지 여러분만의 일이 아닙니다.

실제로 영국 직장인을 대상으로 한 2019년 조사에서는 베이비붐 세대의 40%, 밀레니얼 세대의 76%가 전화가 울리면 불안감을 느낀다고 응답했으며[6] 2023년 신문사가 MZ세대(만 19~39세) 남녀 519명을 대상으로 콜 포비아 실태를 조사한 결과, 이 중 응답자 365명에 해당하는 70.5%가 '콜 포비아를 겪은 적이 있거나 겪고 있다'고 답했습니다. 열 명 가운데 일곱 명이 해당하는 셈입니다.

그렇다면, 전화 공포를 떨치고 잘 통화하기 위해서는 어떻게 해야 할까요? 통화는 목소리를 기반으로 한 소통입니다. 상대방과 실시간으로 대화를 나누며 상호 작용을 하는 행위이기도 하고요. 이러한 특징을 이해하고 다음의 두 가지를 기억해 봅시다.

전화 통화는 받자마자 상대와 말을 주고받아야 합니다. 다시 말해, 통화 응답 버튼을 누른 다음 그 즉시 입을 떼야 하는데, 이때 긴장을 한 탓에 말을 버벅대고 웅얼거릴 수 있습니다. 또한 주위 소음으로 인해 내가 하는 말소리가 상대에게 잘 안 들리는 상황도 생깁니다.

또렷한 발음으로 명확하게 말을 시작해야 이후 전화 통화를 편하게 할 수 있습니다. 분명한 음성을 내려면 평소에 조음 기관을 자주 풀어 주세요. 조음 기관은 언어음을 만들어 내는 발음 기관을 통틀어 이르는 말로, 혀, 입술, 아래턱 등이 이에 해당합니다.

발음에 있어서는 혀의 유연성이 가장 중요해요. 혀가 긴장되고 굳어있으면 제 기능을 못 해서 정확한 발음을 내기 어렵습니다. 간단한 혀 스트레칭 방법을 알려 드릴게요. 먼저 입 밖으로 혀를 길게 내민 다음 5초간 유지합니다. 다시 입 안으로 혀를 넣고 같은 동작을 3번 반복합니다. 그런 후에 혀로 원을 그리듯 입안을 구석구석 훑어줍니다. 시계 방향으로 3번, 반시계 방향으로 3번 입 안에서 혀를 크게 돌립니다.

다음으로 **모음 발음에서 특별히 중요한 게 입술입니다.** 모음은 입술 모양에 의해서 음소가 구별되며, 특히

모음 '오'와 '우'는 입술을 둥글게 오므려야 정확하게 발음할 수 있습니다. 수신 버튼을 누르기 전에 입 밖으로 공기를 가볍게 내뱉으며 3번 정도 입술을 부르르 떨어 보세요. 영어로 립 트릴Lip trill이라고 하는데, 입 주변의 근육을 풀어 주는 효과가 있습니다.

마지막으로 아래턱은 발음과 발성을 하는 데 있어 많은 역할을 담당합니다. 턱을 상하(모음'아'), 좌우(모음'으')로 벌렸다가 닫는 동작을 5번 반복하며 턱의 움직임을 부드럽게 해 주세요. 전화를 받기 전 조용한 장소로 이동할 때, 이 방법대로 잠깐이나마 조음 기관을 풀어 주면 좋겠죠?

'1일 1통화' 연습하기

수영을 하기 위해서는 아무리 물이 무섭다고 하더라도

물속에서 연습해야 합니다. 자전거를 타기 위해서는 넘어지는 게 두려울지라도 자전거에 올라야 합니다. 마찬가지로 전화 통화가 부담스럽고 어려울지라도 이를 극복하기 위해서는 전화를 피하지 말아야 합니다. 결국 전화 통화를 많이 해 보는 게 콜 포비아에서 벗어날 수 있는 가장 효과적인 방법입니다.

말할 주제와 핵심 내용들을 사전에 정해 놓고 간략하게 글로 써서 정리해 두세요. 미리 시뮬레이션을 해 보는 겁니다. 전화 통화의 장점은 서로 대면하는 게 아니기 때문에 글로 써 놓은 걸 말한다고 해도 상대가 알아채지 못한다는 거예요. 이러한 장점을 적극 활용해서 '1일 1통화'를 연습해 보세요.

1단계는 가족이나 친한 친구처럼 자신에게 친숙하고 편안한 대상과의 전화입니다. "내가 지금 콜 포비아를 겪고 있는데, 나를 좀 도와줬으면 좋겠어."라고 솔직하게 이야기한 뒤 도움을 요청하고 하루에 한 통씩 연습해 보는 겁니다. 짧게 단 30초라도 일단 자주 통화하는 걸 목표로 하세요.

2단계는 가족이나 친한 사람이 아닌 모르는 사람과의 전화입니다. 배달 음식을 주문할 일이 생겼다면 앱 대신 통화로 주문해 보세요. 가게 주인은 주문 전화를 하는 여러분이 고마운 고객이라서 친절하고 따뜻하게 응대할 겁니다. 그러므로 여러분의 말이 다소 서툴고 어색하더라도 개의치 않을 거예요. 조금은 편안한 마음으로 실전 대화 연습을 해 볼 수 있겠죠?

통화를 마친 후에는 대화의 분위기나 흐름, 통화 내용을 복기해서 스스로 잘한 점과 보완할 점을 기록해 두세요. 이런 식으로 전화해야 할 대상을 정하고 미리 말할 내용을 정리해 놓은 다음에 점진적으로 통화 횟수나 대화 시간을 늘려 나가면 어느새 전화 통화가 훨씬 편안하고 자연스러워질 겁니다.

요즘은 문자를 기반으로 한 소통이 좀 더 일반적이죠. 하지만 문자로는 전할 수 있는 한계가 분명합니다. 전화 통화를 잘할 수 있다면 대면 소통도 더 잘할 수 있어요. 콜 포비아를 극복하고 필요에 따라 다양한 소통 방법을 활용하여 효과적인 소통을 해 나가길 바랍니다.

단톡방에 선톡 보내도 될까?

디지털 네이티브Digital Native는 태어날 때부터 디지털 기기에 둘러싸여 성장한 세대죠. 2001년 미국 교육학자 마크 프렌스키Marc Prensky가 「디지털 원주민, 디지털 이민자Digital Natives, Digital Immigrants」라는 논문에서 처음 말한 것으로 1980년에서 2000년 사이에 태어난 세대를 일컫습니다.[7] 디지털 네이티브인 여러분은 어쩌면 얼굴을 마주 보고 이야기하는 것보다 문자나 메신저를 이용하는 게 더 편할 거예요. 친구들과의 교류와 정보 공유 등을 목적으로 단톡방에서 소통을 많이 하지 않나요? 특히 새 학기에는 수많은 단톡방이 생기고, 학교와 학원 등 같은 반에 배정된 새로운 친구들을 온라인에서 만나죠. 평소 얼굴만 알고 지내던 친구나 아예 잘 모르는 친구들까지 한곳에 모이게 됩니다. 온라인 소통의 편리성과 즉시성은 잘 이용하되 너무 수동적인 자세를 취하거나 지나치게 스트레스를 받지 않도록 조심하세요. 알아 두면 좋은 온라인 대화 스킬을 말씀 드릴게요.

다수의 친구가 모인 단톡방에서의 대화는 친한 친구와의 개인 카톡과는 조금 다른 양상을 보입니다. 개인 카톡은 참여자가 서로 메시지를 주고받는 상호 작용이 비교적 즉각적이고 일정 시간 지속되지만, 단톡방에서는 여러 친구가 끊임없이 화제를 던지며 동시다발적으로 대화하고, 끼어들기가 빈번하며, 빠르게 화제가 교체됩니다.

한 주제로 이어지던 대화가 마무리되면 침묵이 흐르다가 다시 다른 이야기로 이어지는데요. 몇몇 아이들이 주도해서 분위기를 이끌고 나머지 아이들은 반응하지 않고 가만히 있게 되는 상황도 생깁니다. 그러다 보니 '분위기가 조용한데…… 내가 지금 말을 꺼내도 되나?', '아이들이 동시에 말해서 정신이 없는데 내가 말해 봤자 묻히지 않을까?'라는 생각이 들어 다소 위축되기도 합니다.

단톡방에서 소통을 어떻게 해야 할지 망설여진다면 호출용 신호[8]를 보내서 대화를 시작해 보세요. '호출용 신호'란 대화하기를 원한다는 의도를 전하며 다른 참여자들의 주의를 끄는 신호를 뜻해요. 세부적으로는 요청하기, 사교적 반응 이끌어 내기, 정보 제공하기, 감정 표

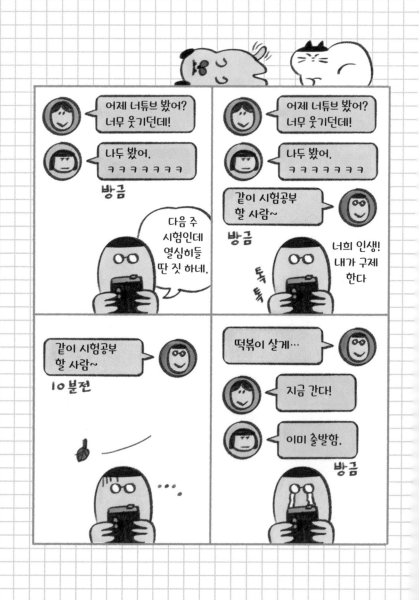

현하기 등이 있습니다.

예를 들면 "담임 쌤이 주신 프린트 가지고 있는 사람 있어?"라며 무언가 요청을 하거나 흥미로운 사진을 남겨 다른 친구들의 반응을 이끌어 내 보세요. "우리 다음 달에 체육대회 한대!"라고 정보를 제공하거나 "늦게까지 숙제했더니 피곤하다 ㅜㅜ", "심심해."와 같이 감정을 표현하는 것도 좋습니다.

친구들이 내가 단톡방에 있는지조차 모를 정도로 수동적인 자세로 조용히 있기보다는 이렇게 호출용 신호를 보내서 대화의 물꼬를 트면 친구들과 온라인 소통을 이어갈 수 있습니다.

요청하기
"담임 쌤이 주신 프린트 가지고 있는 사람 있어?", "오다가 이거 보이면 두 개만 사다 줄 수 있어?" 등

사교적 반응 이끌기
재밌는 사진이나 이모티콘 보내기. 웃긴 이야기나 농담 등

정보 제공하기
"우리 디음 달에 체육 대회 한대!", "학교 앞에서 지금 이런 거

하고 있어!" 등

감정 표현하기

"늦게까지 숙제했더니 피곤하다 ㅜㅜ", "심심해" 등

'읽씹'에 상처받지 말고 솔직하게 물어보기

메신저로 대화하다 보면 한 번쯤 '읽씹'을 경험해 본 적이 있을 겁니다. 연우는 친하게 지내던 친구가 최근에 카톡을 '읽씹'했다며 속상해합니다. 어제만 해도 만나서 잘 대화했는데 오늘 갑자기 메시지를 읽지 않는 이유를 도저히 모르겠어서 스트레스를 받는다고 해요. 이럴 때 어떡하면 좋을지 고민을 털어놓습니다.

내심 '친구에게 무슨 일이 생겼나?' 걱정이 되기도 하고 '나한테 뭐 서운한 게 있나?'라는 생각이 들기도 할 거예요. 분명 신경이 많이 쓰이고 마음이 편치 않은 상황입니다. 그런데 **'읽씹'의 기준은 사람마다 다를 수 있습니다.** 짧게는 5분 또는 2~30분이 지나도록 답신이 없으면 읽씹을 당했다고 느끼는 사람도 있지만, 몇 시간 동안 답신이 없어도 '멀리 어디에 갔거나 학원과 과외 등으로 연락할 수 없는 상황인가 보다.' 하고 생각하는 사람도 있어요.

일단은 시간적 여유를 두고 답신을 기다려 보세요. 만약 하루 이틀이 지나도 연락이 없으면 그때는 직접 물어보기를 바랍니다. 이를테면 "왜 답이 없어? 카톡 보낸 지 하루가 지났는데 무슨 일 생긴 건 아닌지 걱정도 되고 혹시 나에게 뭐 서운한 게 있는 건가 해서.", "혹시 무슨 일 있어? 아니면 나한테 오해가 있거나 섭섭한 게 있으면 솔직하게 이야기해 줄래? 나는 우리가 서로 풀고 잘 지냈으면 좋겠어."라고 넌지시 물어보세요.

문자 메신저로는 표정이나 몸짓, 목소리 톤, 억양 등을 나타낼 수 없고, 감정이나 느낌을 표현할 때 사람마다 받아들이는 의미가 천차만별인 사진이나 이모티콘 등을 많이 사용합니다. 그래서 말의 의도가 잘못 전달되어 친구들 사이에서 자칫 오해가 생길 수 있어요. 물론 얼굴을 마주한 채로 나누는 대화에서도 특정 단어에 대해 느끼는 바가 서로 다를 수 있지만, 문자로만 해명하는 데에는 분명 한계가 있습니다. 문자로는 자신의 의도를 정확히 전달하는 것도, 상대방의 의도를 완전히 이해하는 것도 쉽지 않습니다.

🐱 "왜 답이 없어? 카톡 보낸 지 하루가 지났는데 무슨 일 생긴 건 아닌지 걱정도 되고 혹시 나에게 뭐 서운한 게 있는

건가 해서."

🐰 "혹시 무슨 일 있어? 아니면 나한테 오해가 있거나 섭섭한 게 있으면 솔직하게 이야기해 줄래?"

상대에게 직접 물어보지 않으면 혼자 지레짐작하고 오해하게 됩니다. 상황을 그대로 방치하면 친구에 대한 서운함만 커질 수 있고요. 그러니 솔직하게 물어보는 편이 좋습니다. 의외로 메시지를 써 놓고 전송 버튼을 누르지 않았다거나 전송 오류인 경우가 많이 있어요. '내일 보자!', '알겠어~' 등과 같이 대화가 끝났을 때 딱히 할 말이 없어서 답신을 안 하는 사람도 있고요. 혹

은 어떻게 답신할지 내용을 고민하다가 타이밍을 놓칠 때도 있습니다. 이렇게 다양한 이유와 변수들이 있으니 성급하게 상처받지 말고 당사자에게 직접 물어보는 것이 가장 확실한 방법입니다.

온라인에서 친구를
사귀어 보고 싶은데

기차에서 처음 만난 이방인과 같이 전혀 모르는 낯선 상대에게 자신의 개인적인 일들을 더 쉽게 이야기한다는 걸 아나요? '기차에서 만난 이방인 현상Stranger on a train phenomenon'이라고 해요. 여러분이 온라인 게임, 익명 질문 앱, SNS, 취미나 취향 기반의 커뮤니티에서 온라인 친구를 사귀는 것 또한 이와 마찬가지입니다. 익명성이 보장된다는 점에서 날 모르는 사람들에게 내 이야기를 좀 더 편하게 할 수 있어요. 하지만 여러분도 잘 알듯이 그 이면에는 '디지털 범죄'라는 어두운 그림자도 존재합니다. 온라인 세상은 물론 전 세계를 잇는 소통의 장입니다. 아예 차단한다는 것은 거의 불가능해요. 그러니 '익명성'의 빛과 어둠에 대한 경각심을 가지고 안전하게 온라인 친구를 사귀어야 합니다.

EBS에서 중학생을 대상으로 기획한 '익명성'에 관한 실험 다큐[9]가 있습니다. 6명의 청소년에게 익명의 온라인 친구가 찾아와요. 피실험자인 청소년들은 온라인 친구의 SNS를 탐색하면서 사진과 글을 통해 친구의 모습을 상상합니다. 그런 다음 온라인 친구와 메신저로 대화를 나눠요. 이야기를 나눌수록 피실험자들과 온라인 친구 사이의 분위기는 점차 편안해지고 친밀감은 높아졌습니다.

실험에 참여한 청소년에게 온라인 친구와 대화해 본 소감을 묻자 "온라인으로 만나니까 어색한 점 없이 편하게 대화할 수 있는 친구인 것 같아요. 그래서 온라인으로 만나는 것도 나쁘지 않다고 생각했어요.", "처음에는 온라인 친구와 대화하는 게 익숙하지 않았는데 점점 대화하다 보니까 익숙해지고 계속 연락하고 싶어요.", "만나자고 하는 걸 봐선 친해지려는 마음이 강해서 저도 한번 실제로 만나 보고 싶은 마음이 들어요."라는 긍정적인 답변이 돌아왔습니다. '기차에서 만난 이방인 현상'을 확인하는 순간이죠.

그렇다면 이들은 온라인 친구에게 자신의 정보도 의심 없이 알려 줄까요? 온라인 친구가 대화 중에 사진을 요청하자 자기 얼굴을 찍어서 사진을 보낸 학생도 있고, 보내지 않은 학생도 있었습니다. 취미가 춤이라고 말하자 영상을 보내달라는 온라인 친구의 요청을 단칼에 거절한 학생도 있습니다. 서로 잘 모르는데 '내 모습이 나온 걸 보여줘도 되나?'라는 생각이 들며 경계심 생겼다고 합니다.

만약 온라인 친구가 나에게도 이런 요구를 한다면 "절대 안 돼!!! 부끄러워~~", "싫어ㅋㅋㅋㅋㅋ"처럼 자연스럽게 장난인 듯 넘어가거나 "나중에~~", "만약 만나게 되면 그때 알려 줄게."라고 보류하는 게 좋습니다.

이 실험 다큐에 참여한 이현숙 소장은 "온라인에서는 아무리 상대가 친근하게 느껴져도 상대방이 실제로 누구인지 정확히 알기 어렵다. 그러므로 정보가 노출될 수 있는 게시물이나 대화는 조심하고 타인에게 함부로 내 사진을 보내지 않도록 해야 한다."라고 강조합니다.

혹시라도 문제가 발생했을 때는 신속하게 청소년사이버상담센터1388와 같은 기관에 도움을 요청하길 바랍니다.

장난스럽게 넘어가기
"절대 안 돼!!! 부끄러워~~", "싫어ㅋㅋㅋㅋㅋ"

즉시 수락하지 말고 보류하기
"나중에~~", "만약 만나게 되면 그때 알려 줄게."

온라인에서는 상대의 얼굴도 모르고 상대방에 대한 정보도 사실 확인이 어렵습니다. SNS는 미리 계획적으로 꾸민 가짜 계정일 수 있고요. 나쁜 의도를 가지고 접근했을 가능성도 배제할 수 없어요.

온라인에서 친구를 사귈 수는 있지만 상대가 갑자기 너무 친해지려고 하거나 개인적인 정보를 공유하려 든다면 특별히 경계하고 조심하세요. 일단 서로의 관심사, 취미, 취향에 관한 주제로 이야기를 나누며 관계를 천천히 쌓아 나가길 바랍니다.

끝으로 온라인 친구가 꼭 오프라인 친구로 이어지지는 않아요. 일단 온라인상에서 친분을 쌓고 즐겁게 소통하는 자체를 즐기세요. 그것만으로도 의미가 있고 일상생활에 새로운 활력을 불어넣어 줍니다.

'검색'과 '태그'로 새로운 친구 찾기
온라인상에서 친구를 사귀고 싶다면 '검색'과 '태그'를 활용해 보세요. 오픈 채팅방 검색창에 관심 키워드를 넣으면 그와 관련된 그룹 채팅방이 여러 개 나옵니다.

먼저 멤버 수와 최근 대화 시간, 대표 사진 등을 확인하세요.

채팅방의 목적에 맞게 제대로 운영된다면 멤버 수도 많고, 대화도 활발히 이루어질 거예요. 대화 시간은 '방금 대화', '30분 전', '1시간 전' 등으로 비교적 구체적으로 표시되니, 눈여겨보세요.

그중 마음에 드는 그룹 채팅방을 클릭하면 대표 사진과 소개 글, 개설일 등을 확인할 수 있습니다.

그룹 채팅방 성격에 맞지 않는 사진이나 선정적이고 자극적인 사진이 대표 사진으로 설정되어 있다면 관리가 제대로 이루어지지 않고 있거나 부적절한 목적으로 만들어진 채팅방일 가능성이 높으니 당연히 피해야 합니다.

또한 소개 글이 명확하지 않거나, 기대하고 예상했던 것과 크게 차이나는 경우에는 해당 채팅방에 들어가는 걸 다시 한번 고민해 보세요.

개설된 지 얼마 안 된 채팅방은 불순한 목적으로 급하게 만들어진 것일 수도 있으니 당장 참여하지는 말고 좀 더 지켜봐야 합니다.

더불어 연령대를 광범위하게 묶은 채팅방도 피하는 편이 좋습니다. 여러분 또래의 사람들이 모여 있는 채팅방을 먼저 경험해 보세요. 그런 뒤에 좀 더 넓은 연령대의 다양한 사람들이 모인 공간에 들어가는 것도 늦지 않습니다.

조금씩 천천히 안전하게 온라인 활동을 늘려 나가길 바랍니다. '이렇게까지 해야 하나?'라고 생각할 수 있어요. 좀 귀찮기도 할 거고요. 하지만 온라인에서는 상대의 얼굴도 모르고, 가짜 정보도 구별해 내기 어렵기 때문에 꼼꼼하게 여러 번의 검증 과정을 거치는 것이 매우 중요합니다. 귀찮다고 대충 확인하고 들어가면 절대 안 돼요.

멤버 수, 최근 대화 시간, 대표 사진, 소개 글, 개설일, 채팅 분위기 등 그룹 채팅방이 개설된 목적과 취지에 맞게 제대로 운영되는지를 확인해야 안전하게 온라인 친구를 사귀며 활동할 수 있다는 점을 꼭 기억하길 바랍니다.

이러한 검증 과정을 거쳐서 채팅방에 들어갔다면 이전 대화를 쭉 읽어 보면서 분위기를 파악한 다음, 왠지 마음이 잘 맞고 친해지고 싶은 친구를 찾아보는 겁니다. 관심 있는 친구가 채팅방에서 말을 하면 다른 사람보다 먼저 답을 해서 대화를 이어가 보세요.

오픈 채팅방 외에도 SNS에서 여러분이 관심 있는 키

워드를 검색해 비슷한 취향을 지닌 친구를 사귀는 방법도 있을 거예요. 검색된 사진들을 둘러본 후에 관심 있는 상대의 계정에 들어가서 인스타그램인 경우에는 '좋아요'와 '댓글'을 남기며 소통을 시작하는 겁니다. "안녕, 반가워~ 나도 이거 좋아하는데! 앞으로 소통하면서 지내자~", "안녕하세요. 저랑 취향이 비슷하신 것 같아요. 다음에 또 구경하러 올게요."라고 인사말을 남겨 보세요. 인사는 모든 대화의 시작입니다. 온라인에서도요!

꼼꼼하게 검증하기
멤버 수, 최근 대화 시간, 대표 사진, 소개 글, 개설일, 채팅 분위기 등

반갑게 인사하기
"안녕, 반가워~ 나도 이거 좋아하는데! 앞으로 소통하면서 지내자~", "안녕하세요. 저랑 취향이 비슷하신 것 같아요. 다음에 또 구경하러 올게요."

처음 경험하는 관계 맺기 방식이 신기하고 재밌어서 온라인 친구 사귀기에 몰두하다 보면 온라인에만 치우쳐 현실 세계의 사람들에게 소홀할 수 있어요. 내 옆에

있는 가족과 친구의 존재와 그 소중함을 잊지 마세요. 스스로 대인관계와 친구에 대한 기준을 잘 세우고 균형을 맞춰가길 바랍니다.

화상 수업은 집중이 잘 안돼

　　　　　한동안 코로나로 인해 비대면 수업을 들었지요? 처음 겪는 일이라 혼란스럽고 당황했을 겁니다. 이제는 대면 수업으로 전환되었지만, 폭우나 폭설 같은 기상 문제로 화상 수업을 진행하는 때도 있습니다. 끝나지 않은 감염병과 예기치 못한 자연재해, 기후 재앙 등 언제 또 무슨 일이 일어날까요?

비대면 수업을 잘 들을 수 있다면 언제 어디서든 여러분이 원하는 수업을 들을 수 있게 되는 거예요. 어떤 미래가 펼쳐질지 모르는 지금, 비대면 수업도 대면 수업처럼 들을 수 있다면 더 다양하고 많은 걸 배울 기회가 열리는 것 아닐까요?

마음으로 접속하고 연결하기

화상 수업과 대면 수업은 몇 가지 차이점이 있습니다. 차이점을 이해하고 그에 따른 학습 준비와 태도를 갖추었을 때 학업 성취도를 높일 수 있어요. 가장 큰 차이는 물리적인 접촉입니다. 대면 수업은 학생들이 실제 교실에 참여하며 선생님과 직접 소통하고 상호 작용을 하지만, 화상 수업은 인터넷을 통해 비대면으로 이루어지기 때문에 물리적인 접촉이 없습니다.

그러나 물리적으로 '접촉'할 수는 없어도 마음으로 '접속'해야 합니다. 화상 수업이라는 새로운 방식의 수업에서는, 학생 본인의 책임감이 더욱 중요해졌어요. 교실에서는 학생들이 집중하지 못하거나 딴짓하면 선생님이 바로 잡아 줄 수 있었어요. 하지만 화상 수업에서는 학생들이 선생님 모르게 모니터 화면 밖에서 쉽게 딴짓할 수 있죠! 수업 시간도 제멋대로 어길 수 있고요.

그래서 자신을 조절하는 능력과 자기 주도적으로 공부하고자 하는 적극적인 마음가짐이 필요합니다. 학생들의 자발적인 노력이 없으면 화상 수업에서의 높은 성취도를 기대하기 어렵습니다. 그러니 컴퓨터 앞에 '몸'만 와있는 상태가 아니라 친구들 그리고 선생님과 '마음'으로 연결되려고 노력해 보세요.

집에서 수업 참여하기

화상 수업은 장소의 제약이 없습니다. 학생들은 자신의 편한 장소에서 인터넷에 접속해 수업받을 수 있습니다. 그렇다면 어디서 듣는 게 좋을까요? 학생들은 편한 장소로 카페를 꼽기도 합니다. 그러나 카페는 사람이 많고 여기저기 소음이 들리기 때문에 수업에 방해가 됩니다.

방해 요소를 최소화하고 집중에 도움이 되는 환경을 조성해야 합니다. 일방적으로 강의를 듣는 형태의 인터넷 동영상 강의라면 상황이 조금 낫지만, 실시간 화상 수업은 질문에 대답도 하며 쌍방향 소통으로 진행되기에 시끄러운 장소나 야외 공간은 피하고 조용하고 정돈된 자기 집에서 듣는 게 가장 좋습니다. 그리고 발표하는 경우를 제외하고는 기본적으로 모든 학생이 마이크를 음 소거해야 TV 소리나 집에 같이 있는 가족들의 목소리 등 주변 소음으로 인해 타 학생들에게 피해를 주지 않습니다.

또한 수업 도중에 인터넷이 끊어지지 않도록 안정적인 인터넷 환경을 유지하고 수업에 필요한 앱과 소프트웨어를 미리 설치하거나 선생님이 제공하는 수업 자료를 준비해 놓고 집에서 편안하게 수업을 듣도록 하세요.

상호 작용을 통해 수업의 질 높이기

화상 수업에서는 화면을 통해 간접적인 상호 작용이 가

능합니다. 대면 수업처럼 직접 만날 수는 없지만 선생님과 친구들의 표정, 자세, 손짓 등 비언어적 요소들을 화면으로 확인하면서 소통해 보세요. 발언권이 주어졌을 때는 카메라를 바라보며 그들과 눈을 맞추고 상체쪽으로 손을 올려 적절한 손짓을 취하면 더욱 생동감 있게 말할 수 있습니다.

특히 온라인에서는 평소보다 조금 천천히 말하는 것이 좋아요. 인터넷 환경이 각자 다르고 네트워크 상황에 따라 약간의 끊김 현상이 생길 수 있기 때문이에요. 너무 빠르게 말하면 듣는 사람들이 이해하기 어려울 수 있습니다.

또한 목소리는 마이크와 스피커 설정을 확인하여 적절한 볼륨을 유지하되, 발음을 정확하게 하세요. 중요한 단어나 구절에 강세를 주어 말의 내용을 강조하면 듣는 사람들에게 명확하게 의미를 전달할 수 있습니다.

물론 대면 수업에서도 목소리와 비언어적 요소들은 공통으로 중요하지만 온라인에서는 많은 환경적인 제약이 따르기 때문에 세심한 주의가 필요합니다.

수업은 배움의 장입니다. 따라서 무엇보다 화상 수업 중에는 화면 속 선생님의 모습에 집중하세요. 이해되지 않는 부분이 있다면 질문하고, 선생님이 질문을 하면 적극적으로 답변하여 쌍방향 소통을 해야 합니다. 채팅 창에서 활발하게 의견을 제시하고 토론하는 것도 좋아요. 이처럼 화상 수업에 적극적으로 참여할수록 수업의 질은 높아지고 학업 성취도를 끌어올릴 수 있습니다.

어쩌면 화상 수업은 자제력과 자기 주도적 학습 능력을 기를 좋은 환경으로 작용할 수 있습니다. 등·하교 하는데 드는 시간과 이동에 따른 에너지 소모를 절약할 수 있는 만큼 수업에 더욱 집중해 보세요. 장시간 화상 수업 시에는 쉬는 시간에 잠시 휴식을 취하고 눈 주변과 어깨, 목 등 간단한 스트레칭으로 기분 전환도 하고 건강도 챙기세요. 온라인에서도 오프라인에서도 '나다움'을 잃지 않고 정확하게 말하고 현명하게 듣는 여러분이 되기를 바랍니다. 좋은 대화는 여러분을 분명 좋은 곳으로 데려가 줄 거예요.

온라인 수업 예절 체크 리스트

온라인 수업에도 오프라인 수업과 마찬가지로 지켜야 할 예절이 있습니다.

교육부에서 다양한 예시를 들어 온라인 수업에 필요한 예절들을 정리한 내용을 참고해 보세요.

한 명 한 명의 배려가 모여 상호 존중을 바탕으로 한 성취도 높은 온라인 수업 분위기를 만들 수 있습니다.

온라인 수업 예절 체크 리스트

- ☐ 바른 말 고운 말 쓰기
- ☐ 초상권 침해 주의하기
- ☐ 저작권 보호하기
- ☐ 게시판, 채팅창에서 대화 예절 지키기
- ☐ 마이크는 필요할 때만 켜 두기

1. 바른 말 고운 말 쓰기

온라인이지만 학교와 마찬가지로 선생님과 학생들이 함께하는 수업 시간이에요.

험담, 비속어, 은어 등을 사용하지 말고, 상대방을 존중하는 언어 예절을 지켜 주세요.

2. 초상권 침해 주의하기

※초상권 : 자기의 초상이 허가 없이 촬영되거나 공표되지 않을 권리

수업하는 선생님이나 다른 친구들의 얼굴을 촬영, 캡처하거나 편집, 합성하면 안 돼요!

또한 이를 다른 채팅방이나 온라인에 공유, 배포하거나 채팅방에서 허위의 사실을 전송하면 처벌받을 수 있다는 사실, 기억해 주세요.

3. 저작권 보호하기

※저작권 : 자신이 창작한 저작물에 대해 저작자가 갖는 권리

수업에서 사용되는 자료는 선생님이 학생들을 위해 만든 소중한 자료예요.

선생님의 허락 없이 수업 내용을 캡처, 공유하는 건 금지! 기억하고 싶은 내용은 필기해 주세요.

4. 게시판, 채팅창에서 대화 예절 지키기

온라인 수업에서 게시판, 채팅창은 선생님과 학생들이 소통하는 공간이에요.

장난으로 글을 도배하거나, 수업과 관련 없는 말을 하면 선생님의 공지 사항, 친구들의 질문을 놓칠 수 있어요. 수업 중 장난은 잠시 멈춰주세요.

5. 마이크는 필요할 때만 켜 두기

마이크를 계속 켜 두고 있으면 예상치 못한 소음이 마이크를 통해 전달될 수 있어요.

이 소음이 수업에 방해될 수 있으니, 마이크는 필요할 때만 켜서 사용하기로 해요.

▪ 참고 문헌

1 나무위키, https://namu.wiki/w/%EC%95%94%EC%8B%9C

2 황인환, "[황Q칼럼] 테마주 안의 진주 찾기…시대 따라 바뀌는 미인의 기준",
  한국금융, 2022. 8. 17.

3 국립국어원, 「분야별 화법 분석 및 향상 방안 연구(가정 내 대화법)」, 2014.

4 위의 글.

5 송태화, "10명 중 7명 '통화 공포증'… "전화 말고 문자 주세요"", 국민 일보,
  2023. 1. 7.

6 김정은, "심리학자가 말하는 '전화 공포증'의 원인과 치료방법은?", 데일리
  포스트, 2021. 2. 26.

7 한경 경제용어사전, http://dic.hankyung.com

8 구현정, 『대화의 기법: 이론과 실제』, 경진(도서출판), 2009.

9 EBSCulture, "니가 왜 거기서 나와? 모두가 속은 온라인 친구의 정체는 바
  로 ○○○!!ㄴㅇㄱ, 2023. 2. 23.
  https://youtu.be/lLkbz6CLw0Y?t=399